国家社科基金青年项目(10CJY020)资助

LAND SUPPLY, HOUSING MARKET AND
INSTITUTIONAL REFORM

土地供给、
住房市场与制度变革

张娟锋 著

ZHEJIANG UNIVERSITY PRESS
浙江大学出版社

图书在版编目（CIP）数据

土地供给、住房市场与制度变革 / 张娟锋著. —杭州：
浙江大学出版社，2015.7
ISBN 978-7-308-14952-5

Ⅰ.①土… Ⅱ.①张… Ⅲ.①房地产市场—研究—中
国 Ⅳ.①F299.233.5

中国版本图书馆 CIP 数据核字（2015）第 174147 号

土地供给、住房市场与制度变革

张娟锋　著

责任编辑	陈佩钰　张凌静
封面设计	十木米
出版发行	浙江大学出版社
	（杭州市天目山路 148 号　邮政编码 310007）
	（网址：http://www.zjupress.com）
排　　版	杭州中大图文设计有限公司
印　　刷	浙江良渚印刷厂
开　　本	710mm×1000mm　1/16
印　　张	10
字　　数	165 千
版 印 次	2015 年 7 月第 1 版　2015 年 7 月第 1 次印刷
书　　号	ISBN 978-7-308-14952-5
定　　价	39.00 元

前　言

中国房地产市场的发展促使房地产业逐渐成为国民经济的支柱产业,高地价与高房价也成为影响政府、行业、企业和居民切身利益的热点问题。一方面,房地产业的发展促进了城市面貌的改变,提高了城市居民的住房条件;另一方面,快速上涨的房价削弱了居民的支付能力,住房困难成为影响社会经济发展的重要现实问题。正确理解、评判与应对中国快速城镇化过程中的高房价问题需要从土地供给制度与模式入手,分析土地供给制度、模式、数量与结构对房地产市场的影响。本书是国家社科基金青年项目(10CJY020)"土地垄断供给对住宅价格的作用机制与政策模拟研究"的研究成果。自2010年立项以来,课题组按照申请书上设计的内容,分5篇展开研究,共12章。

第1篇,土地供给制度与理论回顾。第1章对我国城镇土地供给制度的演变过程进行了总结,归纳了土地储备制度实施前后土地供给的不同特点,从宏观和微观两个层面总结了土地供给影响房地产市场的路径。第2章综述了国内外关于城市地价信号发现过程及其影响的研究成果。从地价信号的界定与测量、地价信号的发现过程、地价信号对关联市场及企业的影响等三个方面进行了文献评述,提出了需要研究的问题。这部分构成了本书的实践与理论基础,是理解中国城镇土地与住房问题的切入点。

第2篇,城镇土地竞拍价格的形成过程。第3章从空间区位、出让条款和市场竞争三个维度构建土地竞拍价格的决定因素模型,探索了招拍挂出让方式下土地竞拍价格的发现过程。实证结果表明市场竞争程度能够影响开发商的竞价策略,竞价人数量与竞价轮次对土地价格有显著的影响。第4章进一步考察住宅用地的约束条款对于土地价格的影响。容积率增加能够提升住宅用地的单位价格,而地块面积与单位地价呈现负相关关系,政府的微观干预对于土地出让单价有显著影响。

第3篇,土地供给量及价格对住房市场的影响。第5章从城市层面构建了土地供给对住房市场影响的计量模型,利用 35 个大中城市的数据检验了土地供给规模对于住房价格与供给量的影响。土地供给对住房供给量长期有影响,短期内对住房价格有影响。第 6 章从微观层面考察地价信号对于房价的影响,定量分析了土地出让事件在时间与空间上的扩散效应。土地出让价格信号能够引起房价的变化,以出让地块为中心向外扩散,呈现"波纹效应"。第 7 章构建了一个综合性的时间窗口分析模型,利用中国房地产上市公司购置土地的样本,考察了土地价格信号对证券市场的影响。土地市场上的价格信号是关联市场价格波动的信号源,改变竞价人的预期才能形成理性的价格信号,促进土地及其关联市场的稳定。房地产企业高价购置土地时需要更加关注后期的市场风险、项目建设与运营风险和政策风险。

第 4 篇,政府干预效果评价与政策研究。第 8 章通过建立住房市场量价的长期趋势和短期波动模型,将政府房地产宏观调控政策视为房地产市场发展中的外生干预事件,评估调控政策对住房市场量价的冲击效应。对全国和重点城市的实证分析表明,干预政策在短期内有影响,长期影响不显著,供给端和需求端的干预效果不同。第 9 章基于土地与住房市场长期稳定发展的视角,从宏观和微观两个层面设计了政策建议。

第 5 篇,破除供给垄断与开辟集体土地市场。第 10 章针对城镇土地垄断供给的制度安排,论述了开辟集体建设用地市场的必要性、可行性与创新性。目前,我国集体建设用地灰色市场是土地资源配置体制中的一股重要力量,开辟并规范管理集体建设用地市场符合土地资源配置体制市场化改革的内在逻辑,是中国土地制度创新的战略选择。第 11 章围绕集体建设用地市场,对南海"工业化模式"和杭州"留用地模式"进行了剖析。南海"工业化模式"开辟了新的建设用地使用权市场,使得集体经济组织成为主要的受益者;杭州"留用地模式"是在维护现有城镇土地市场的制度安排下,为集体土地参与城镇化建设与房地产市场开辟道路。第 12 章是研究结论与进展,对研究内容进行了总结,提出了需要进一步研究的问题。

在国家社科基金青年项目的资助下,课题组公开发表论文 10 篇,其中 7 篇 CSSCI 论文。这些论文发表在国内优秀期刊上,包括《财贸经济》(1 篇)、《中国土地科学》(2 篇)、《地理研究》(2 篇)、《中国软科学》(2 篇,其中 1 篇被人大复印资料全文转载)、《地域研究与开发》(1 篇)、《软科学》(1 篇)和《中国房地产》(1 篇)。通过将研究成果及时发表在学术期刊上,扩大国家社科基金项目的影响力。同时,这些阶段性成果也汇集成了本书的主要内容。

参与本课题研究的课题组成员包清华大学房地产研究所的郑思齐教授、杨振鹏博士生、郭晓旸博士生,清华大学人文社会科学学院朱宁洁博士后,住房与城乡建设部住房公积金监管司林甦经济师。此外,新加坡国立大学房地产研究院任超群博士后也在课题研究中承担了工作。

在本课题的研究中,还得到了清华大学房地产研究所刘洪玉教授、浙江大学房地产研究中心贾生华教授、浙江工业大学房地产研究所虞晓芬教授的指导和帮助,对他们的支持表示感谢。此外,本书的出版得到了浙江工业大学经贸管理学院工商管理学科、浙江省哲学社会科学重点研究基地——技术创新与企业国际化研究中心的经费支持,对此表示感谢。

在本书的出版过程中,浙江大学出版社陈佩钰、张凌静两位编辑付出了很多努力,对全书进行了编校,对她们的细致工作表示感谢。

本书是对我国土地与住房市场的探索性研究,肯定存在不足和错误之处,真诚欢迎大家批评指正,为研究提供动力。

作者
2015 年 4 月

目　录

第 5 篇　破除供给垄断与开辟集体土地市场

图目录

表目录

第 1 篇

土地供给制度与理论回顾

第1章　中国城镇土地供给模式及其对房地产市场影响的路径

我国城市的土地市场源于计划经济时期的土地资源配置体制,地方政府控制着土地征用权、开发权和供应权,形成独特的政府垄断供给下的土地市场与房地产市场。本章在分析土地与房地产专有特征的基础上,从宏观和微观两个视角回顾我国城市土地市场与房地产市场的互动关系,总结土地供给对房地产市场影响的方式与路径。

1.1　土地与房地产(资产)专有性特征分析

在发展中国家,土地和房地产①等实物资产占到社会财富的 45%～75%(Galal and Razzaz,2001)。土地与房地产不仅是生产活动的主要投入要素,而且是家庭消费和投资的重要实物资产。对于企业来说,土地和房地产是除了劳动力之外的主要成本;对于家庭来说,土地和房地产是最大的单项消费产品之一。土地与房地产的专有性特征有四个方面:位置唯一性、产品异质性、资金需求量大和引致需求(Galal and Razzaz,2001)。

1.1.1　位置唯一性(Fixed in Location)

土地与房地产位置是固定的和唯一的,所有者需要承担由邻里和政府行为所带来的正的或负的外部性。土地所有者可能获得土地用途转变与规划调整所带来的巨大财富,也可能遭受政府土地用途管制所造成的价值损失。由于土地位置的唯一性和垄断性,特定位置的房地产产品数量有限。位置垄

---

①　对于房地产的概念有不同的界定,广义的"房地产"概念是指土地及依附于土地的地上、地下有形建筑物,狭义的"房地产"概念仅指依附于土地的有形建筑物。为了更加清楚地说明土地市场与房地产市场的关系,本书采用狭义"房地产"概念。

断性有助于开发商通过土地储备、延迟开发、延迟出售,来获取土地开发与增值收益,这是房地产产品显著区别于其他商品的特征之一。

1.1.2 产品异质性(Heterogeneous)

土地与房地产的异质性部分来自于位置的唯一性,每块土地上的建筑物本身是唯一的,每栋建筑物所提供的服务不具有完全替代性。土地与房地产的异质性也源于每宗土地的内在属性。例如,对农业用地来说,土壤性质、坡度是完全不同的;对于建设用地来说,土地的建筑高度、建筑密度和可开发空间不尽相同。此外,每宗土地和房地产在财产权、收益权上所存在的差异也是异质性的重要来源。产品异质性通常会导致信息的不对称,所有者比购买者和租赁者拥有更多的关于土地与房地产的信息。对于土地与房地产交易来说,交易通常是在信息严重不对称的情况下进行的,高风险、高收益是其重要的专有特征。

1.1.3 资金需求量大(Bulky Investment)

无论是购买土地与房地产产品,还是进行房地产项目开发,都需要大量流动性资金。而对于个人和家庭来说,其储蓄和工资收入都很难独立承担这些资金要求。对于企业而言,在资金匮乏的情况下土地与房地产投资活动比其他产业项目更容易被终止。同时,房地产项目融资活动如果处置不好,将面临很大的金融风险,增加金融危机发生的概率。在大部分发展中国家,土地与房地产市场具有特殊的重要性,城市开发建设状况通常反映着国家的整体经济实力和资金充裕程度(Renaud,1987)。在大部分发展中国家,普通家庭获得正式的抵押贷款是非常困难的。

1.1.4 引致需求(Derived Demand)

由于土地与房地产的需求来自于对于他们所生产的产品和提供的服务的需求,因此,产品和服务市场的变动对于这些资产的价格产生的影响是决定性的(见图 1-1)。政府在市场上的价格控制、产出或投入的干预、租金控制和税收政策,都会增加或者减少土地及房地产的价值。在存在价格信号扭曲的市场上,资源配置的空间不匹配是不可避免的,这些结论同样适用于土地与房地产。由于引致需求的多样性和复杂性,土地与房地产市场中普遍存在供给和需求不匹配的矛盾。

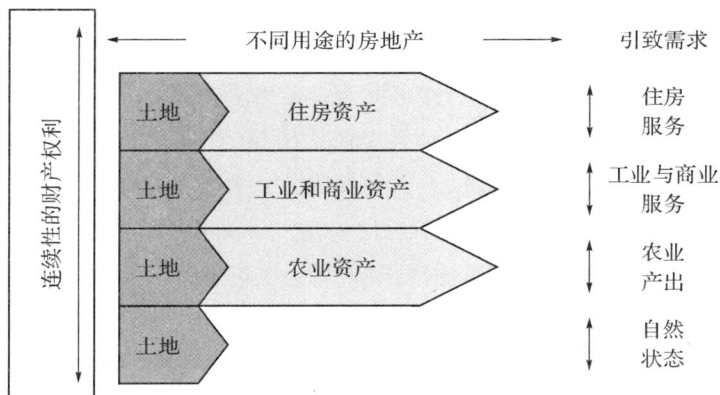

图 1-1　土地资产及其引致需求类型

　　土地与房地产的四个特征不仅使其显著区别于工业产品,而且也是土地与房地产市场监管和调控中需要考虑的重要因素。位置唯一性和异质性使得土地与房地产在经济发展中具有良好的保值与增值功能,容易成为投资品,而引致需求则表明土地需求源于对住房服务和住房资产的需求,房地产市场调控的源头还在于通过增加土地供给,增加住房服务供给,抑制投资性需求(见表 1-1)。

表 1-1　土地与房地产专有特征与政策敏感性分析

特征	特征解析	政策敏感性
位置唯一性	◇位置垄断 ◇资产专有性	◆保值、增值能力强,投资价值高 ◆政府管制与干预政策影响大
产品异质性		
资金需求量大	◇金融政策敏感 ◇住房服务与资产性质并存	◆对金融、货币宏观政策反应快速 ◆受税收政策影响大
引致需求		

1.2　我国城镇土地储备制度实施前后土地供给模式的对比分析

　　土地制度与住房制度改革促进城市房地产市场的快速繁荣,房地产业已成为国民经济的支柱产业之一。随着房地产业地位的提升,房地产价格特别是住房价格的波动对于宏观经济的影响与日俱增,这使得社会各界越来越关注土地供给在房地产市场运行过程中的作用,并对当前城市经营性土地供应制度产生了各种质疑。一方面,我国城市的土地供给模式源于计划经济下的土地资源配置体制,地方政府控制着土地征用权、开发权和供应权,形成独特的政府垄断供给下的房地产市场,土地垄断供给在宏观调控中是否发挥了应有作用存在争论。另一方面,由于土地供应与房地产供应的非同步性,所以土地供应计划很难对房地产市场需求和价格的变化做出及时有效的反应,房地产市场的表现与土地供应的初衷相背离。在此背景下,进一步总结土地资源配置体制与供给模式对于房地产市场影响的路径成为重要的现实和理论问题。

1.2.1　土地资源配置体制改革及框架体系演进

《中华人民共和国宪法修正案(1988 年)》允许"土地的使用权可以依照法律的规定转让",这是决定中国城市土地使用权出让的关键性条款。1990 年 5 月国务院发布了《中华人民共和国城镇国有土地使用权出让和转让暂行条例》,进一步明确城镇土地使用权可以采用协议、招标和拍卖三种方式进行出让。从无偿到有偿,从无期限到有期限,从无流动到有流动,中国土地使用制度改革掀起了第一个高潮(贾生华和张娟锋,2006)。

改革后的土地资源配置体制,维持了城市与农村不同的配置方式,政府可以通过土地征收形式把农村集体土地转为城市国有土地。在农村地区,为了增加土地的产出效率,逐步推行农村家庭联产承包责任制。农村集体以合约的形式按照家庭人数将农地(R_1)分配给农户,农地也可以在集体内部进行流转。在城市地区,《中华人民共和国宪法修正案(1988 年)》允许"土地的使用权可以依照法律的规定转让",打破了使用者获得合法土地使用权的制度困境。城市土地使用权现在有两种配置方式:政府划拨和市场出让(见图1-2)。政府划拨的方式主要适用于国有单位和非营利性的事业单位(U_1),没有使用期限限制;而市场出让的方式主要是将土地的使用权出售给使用者(U_2),并且有使用期限限制。改革后的土地资源配置体制中最重要的一个环节就是农业用地向非农业用地的转变。在上述所有的土地开发程序中,与政府关系最为密切的就是农业用地(R_1)向农村非农用地(R_2)的转变和农村集

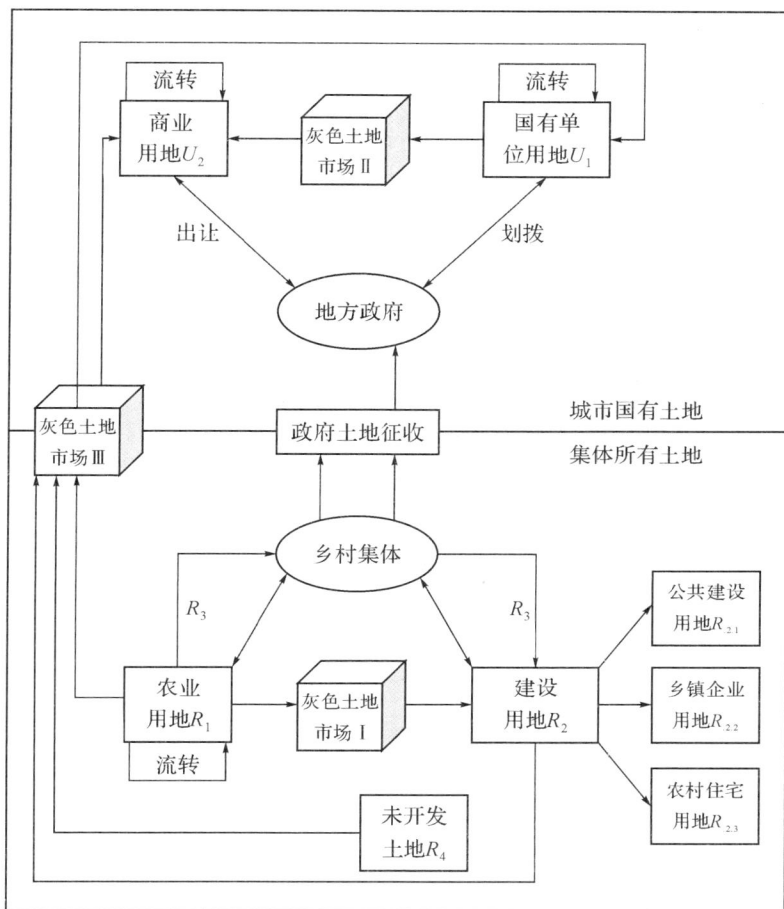

图 1-2　改革后的土地资源配置体系框架

体土地向城市国有土地的转变。

2002 年 5 月,国土资源部颁布了《招标拍卖挂牌出让国有土地使用权规定》,城市经营性土地使用权必须采用招标、拍卖和挂牌的方式进行出让,城市土地市场化水平进一步提高。土地使用制度改革保证了房地产开发所需土地必须是城市国有土地,而且只能从政府手中购买,这使得地方政府完全垄断了城市房地产开发土地的供应,形成了新的土地资源配置体系。中国土地制度改革的基本逻辑就是在促进土地制度市场化改革的同时,强化政府对于城市一级土地市场的完全垄断地位,形成政府控制下的房地产开发活动。

1.2.2 土地储备制度实施前城市建设用地供给模式与特点分析

改革开放后，土地资源配置体制不断调整，需要形成新的土地资源配置体制体系。如何更加公开、透明地配置经营性建设用地，合理量化土地价值，避免权力寻租行为，成为需要紧迫解决的问题。

1.管理混乱，土地进入房地产市场的渠道分散

土地储备制度实施以前，经营性用地进入房地产市场的渠道包括：①协议出让。经营性用地（商业、工业、住宅）主要通过协议方式进行出让，由用地单位提出用地申请，地方政府按照不同的审批权限进行审批，用地单位和土地所有者进行协商补偿。②村、企合作开发。单位和村集体对集体土地进行合作开发，包括建设工厂、住宅和商铺等，收益通过协商的方式进行分配。③单位集资建房。集资建房由单位利用本单位的土地或者协议购置土地，通过单位员工筹集资金，为单位职工提供住房。④单位经营和出让。国有企业改制过程中，原有单位破产、改制所产生的大量国有存量土地，由原有单位出让给房地产开发企业，获取相应的土地收益（补缴给政府一定数量的土地出让金）。土地储备制度建立以前，土地可以通过多种渠道进入房地产市场，大部分土地收益被开发商和个人获取，土地管理相对混乱。

2.生地出让，地方政府获取土地收益较少

土地储备制度实施前，经营性土地主要是通过协议方式由土地所有者（村集体、原有单位和政府）转让给土地使用者，地方政府不参与土地前期开发工作。而在收益分配方面，按照"谁投资，谁受益"的原则，土地增值收益的大部分由取得土地使用权的单位或个人获得，地方政府在土地出让过程中获取收益少。因此，这个阶段的土地出让以"生地"为主，土地开发与房地产项目开发所带来的增值收益主要是由土地使用者获得。

3.公平透明性差，土地价值被低估，市场混乱

以协议为主的土地使用权出让方式，所产生的重要问题是权力寻租行为和土地价值被低估。土地协议出让方式容易产生暗箱操纵，导致开发商与政府某些部门相互勾结，滋生腐败，致使国土资源大量地流失，并且协议价格远低于土地市场价值（Deng，2005）。同时，协议方式也容易导致对建设用地的过度需求，造成农地的过度非农化。在土地储备制度实施以前，存在两种奇怪的现象：一方面，大量的农地以较低成本被征收或占用，转变成城市建设用

地;另一方面,城市内部存在大量的闲置土地,国有企业或者事业单位土地利用效率低下(Ding,2003)。

1.2.3 土地储备制度实施后的土地供给模式与特点分析

面对上述土地资源配置体制中存在的问题,地方政府开始探索新的土地供给模式。借鉴中国香港、新加坡、荷兰等地区和国家的土地储备制度,逐渐形成了目前的城市土地储备制度(见图1-3)。土地储备是指在土地尚未需要开发利用之前,预先由公共机构(团体)将其获取并持有。我国的土地储备制

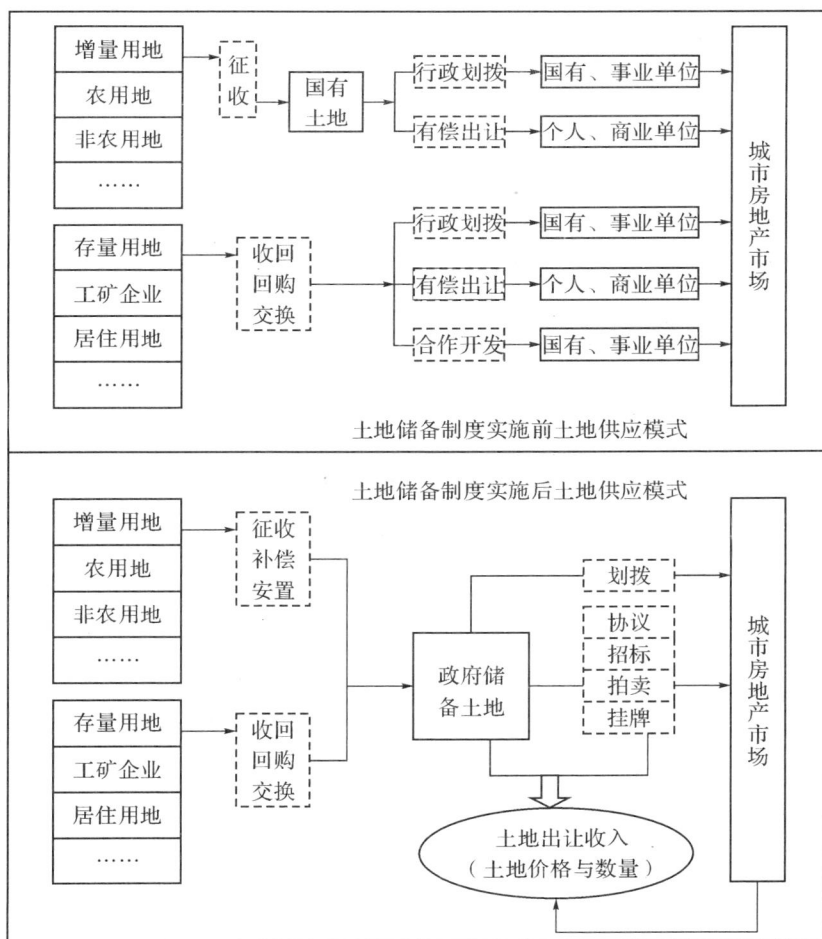

图1-3 土地储备制度实施前后土地供给模式对比分析

度目的是强化政府在城镇化中土地有效供给并增强土地管制能力。地方政府通过储备制度，垄断了土地开发权，形成垄断供给的局面。土地储备制度的核心作用是将各种形式的预备建设用地集中到一个政府机构，进行土地前期开发，再逐一在市场上出让。土地储备制度实施以来，政府逐步加强对土地供应、土地储备和一级开发的掌控，最终实现直接供应"熟地"。土地储备制度实施以后土地供给模式的特点可以总结为以下三个方面：

1. 形成政府垄断供给局面，强化地方政府对土地市场的管制能力

土地储备制度建立以后，公益性土地仍然以政府划拨的方式进行出让，而对于经营性土地来说，土地供应的数量、时机和节奏则完全由地方政府控制起来。在城市范围内，土地供给真正实现了"多个龙头进水，一个龙头放水"。地方政府可以在区域范围内通过征收农村集体土地，回收、收购和置换城市国有土地，对市区城中村、棚户区和老城区进行改造，储备城市建设用地。在此过程中，地方政府对于土地供给的管制能力明显提高，土地储备制度的功能逐渐显现。一方面，土地储备制度在一定程度上促进效率优先、兼顾公平利用目标的实现。另一方面，地方政府作为区域内土地一级市场上唯一的供给者，完全垄断了土地开发权和供给权，土地储备制度对房地产市场产品供给数量、供给结构、供给价格的影响作用日益凸显。

2. 熟地出让，政府土地收益大，地方财政对房地产业依赖性增强

在土地储备制度下，经营性土地的出让方式由原来的协议为主，转变为现在的招标、拍卖和挂牌三种出让方式。土地储备机构作为盈利性主体的核心任务是土地开发与经营。随着土地出让方式的公开透明化，土地市场的竞争日趋激烈，经营性土地的价值实现了最大化。政府及其委托机构负责进行土地储备和一级开发的制度优势，除了能够有效避免土地开发过程中的土地增值流入用地单位，避免国有资产流失外，还可以根据政府掌握的权力，有目的地实现土地供给策略，提升土地市场价格。在中央与地方财政分权的模式下，土地开发、出让与经营收益成为地方政府重要的财政来源，地方财政对于房地产业的依赖度逐步提高(Yeh and Wu, 1996)。土地储备本身是一项具有高投入、高风险特点的地产开发项目。地方政府倾向于优先储备利润空间大、市场前景好的项目，一些利用空间小的项目在立项过程中被搁置下来。这种有选择的土地储备模式，会导致进入市场供给上的土地通常价格都比较高，随着土地出让收益的增加，地方政府对于土地收益的依赖性显著增强。

3.招拍挂出让方式成为主流交易方式,"价高者得"的土地竞买规则迅速抬升了土地及房地产价格

与协议交易方式相比,招拍挂出让方式更加公开、透明,竞争程度也更高。随着住房制度市场化改革进程的推进,商品房市场迅速繁荣,房地产企业数量快速增加,对于房地产开发用地的需求持续旺盛。为了实现土地开发收益的最大化,"非饱和供应"、"充分竞争"、"土地资源稀缺"成为地方政府土地出让中的重要营销策略。在地方政府土地出让策略、出让方式、出让时间的控制下,一方面,土地市场价值被充分地显化出来,地方政府获得巨额土地收益;另一方面,房地产企业在土地市场上存在过度竞争的局面,在非理性预期的条件下,土地资产的价格被过度炒作,地产价格存在一定泡沫。

1.3　土地供给模式影响房地产市场的路径分析

土地储备制度建立以来,地方政府通过加强土地管制能力,对于房地产市场的影响力日益凸显。而随着地方财政对于土地收益依赖度的提升,地方政府通过土地供给模式的控制,影响房地产市场的价格及走势的意图日益显现。地方政府可以从宏观和微观两个层面影响城市房地产市场,其路径如图1-4所示。

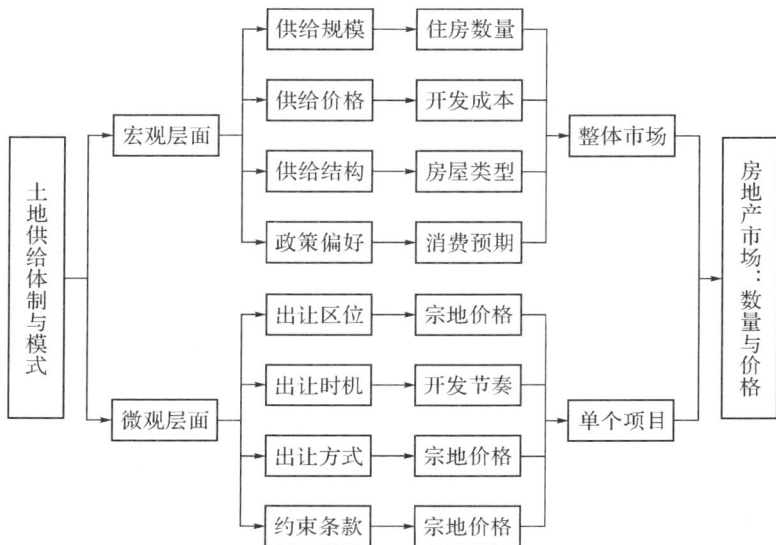

图 1-4　土地供给影响房地产市场的路径

1.3.1 宏观层面:土地供给规模、价格、结构与政策偏好对房地产市场的影响

从宏观市场层面来讲,地方政府对于土地市场的供给量、供给价格、供给结构及政策偏好能够有效地影响住房市场供给量、开发成本、房屋类型及消费预期,进而改变住房市场的长期均衡价格与成交量。

路径1:土地供给规模→住房数量→住房价格。土地是房地产开发的源头,土地供应总量直接决定房地产产品的生产规模。在容积率一定的情况下,房地产开发用地供应总量决定城市新增住房供应总量。这种控制土地供应总量的宏观管理政策有两方面的影响:一是对住房供给数量的影响,二是对住房开发和消费预期的影响,但两者影响力的时效不同。对住房供给来说,由于房地产开发周期的原因,实际影响要在1~2年后才能显现出来。

路径2:土地供给价格→开发成本→住房价格。土地供给价格是影响住房开发成本和住房销售价格的重要因素。土地供给价格对于住房市场的影响体现在两个方面:一方面,土地价格直接影响住房市场上的销售价格。开发商要获取利润,住房销售价格必须高于开发成本,当市场价格低于成本时,开发商会选择延迟开发(囤地)或延迟销售(囤房),等待价格上涨;另一方面,土地供给价格能够影响消费者和开发商的心理预期。当土地价格快速上涨时,对于住房消费者将带来土地资源紧张、住房供给不足的心理预期,影响消费者的决策行为。与此同时,面对土地价格上涨,开发商对于住房价格上涨的预期也会增加,影响开发商的销售策略。

路径3:土地供给结构→房屋类型→住房价格。土地供给结构对房地产产品的影响体现在两方面:一是产品结构,如果停止别墅类用地供应,严格控制高档住宅土地供应就会减少该类商品房的中长期供应量;二是区位分布,房地产开发用地的自然属性和区位位置影响项目的定位,土地供应区位分布对不同类型房地产价格造成不同的影响。

路径4:土地政策偏好→消费预期→住房价格。地方政府的政策偏好能够有效地影响房地产市场的预期。目前,在耕地保护、土地集约利用的理念下,在经济发达的沿海城市,地方政府土地供给政策偏向于限制(非饱和)供给。经营性用地年度供给政策传递到房地产市场,政府通过土地市场间接作用于房地产市场。从宏观调控角度来说,在房地产市场高涨、开发投资规模

过大时,应采取紧缩供地政策,减少一级市场的土地供应量,控制房地产开发规模;在房地产市场处于低谷时期,采取扩大供地政策,增加对一级市场的土地供应,进而激活房地产市场。但在实际过程中,由于地方政府是房地产市场的高度利益相关者,地方政府土地出让行为反而受市场形势左右。为了获取土地收益的最大化,市场形势好时多出让土地,市场形势差时少出让土地,土地工具的调控功能和效果未能实现。这种土地政策偏好会影响开发商的心理预期,推动房地产价格上涨。

1.3.2　微观层面:土地出让区位、时机、方式与约束条款对房地产市场的影响

　　地方政府通过对土地供给宏观变量的控制,能够有效地影响城市的房地产市场价格、数量及市场走势;而土地招拍挂出让过程中,地方政府有权设定宗地的规划约束条件,通过这些微观约束条件,影响宗地的出让价格,进而对周边项目起到冲击效应(见图1-4)。

　　路径 1:宗地出让区位→宗地价格→楼盘价格。 每个宗地所在的区位是固定的,宗地所属区域的邻里特征对于宗地价格的影响显著。对于地方政府来说,可以通过调整出让时序,在特定时间段内多出让或者少出让某个区域的宗地,改变特定区域的供求关系,提升宗地价格。

　　路径 2:宗地出让时机→开发节奏→楼盘价格。 对于具体地块来说,出让时机非常重要。目前房地产价格及其走势受宏观经济环境、政府调控政策、消费者预期等多方面因素影响,市场波动很大。在市场景气时推出土地,土地价格高,收益大;在市场萧条时推出土地,土地出让价格低,甚至流拍(Hong,1998)。因此,政府能够通过选择土地的出让时机,提升宗地出让价格。

　　路径 3:宗地出让方式→宗地价格→楼盘价格。 与协议出让方式不同,招拍挂方式更加公开透明,土地价值能够充分显化。为了实现土地收益的最大化,需要让开发商之间进行充分竞价,而拍卖方式是最理想的出让方式。地方政府可以依据土地市场状况与购买人数量,有目的地选择招标、拍卖和挂牌出让方式。拍卖方式能够充分显化土地价值,有利于实现地方政府土地收益的最大化,因而成为地方政府出让土地最常用的方式。

　　路径 4:约束条款→宗地价格→楼盘价格。 地方政府依据"土地利用规划"和"城乡规划"设定相应的地块约束条款,包括容积率、出让面积、建筑面

积、绿化率等。一方面,这些约束条款有助于城市建设更加科学合理,符合规划布局,避免土地利用中的负外部性;另一方面,这些约束调控对于宗地出让价格也会产生显著影响,地方政府可以通过对于约束调控的改变,影响宗地出让价格和土地收益。例如,通过调高容积率,能够提升宗地的单位出让价格;而把大地块分割成若干小地块,再进行出让,也能提升宗地的单位出让价格。

第2章　城镇土地竞拍价格形成及其影响进展评述

公开竞价(招标、拍卖与挂牌)已成为我国城市地价形成的主要方式,竞价所产生的地价信号对房地产市场与城市区域发展影响重大。近年来,国际上对于以公开竞价方式配置土地资源的讨论和质疑增多。我国以土地经营为核心的快速城镇化发展模式已经走到了历史关口,改革土地征收制度、储备制度与招拍挂出让方式的呼声日益高涨,城市土地资源配置方式和利用效率成为学者关注的焦点。招拍挂方式是不是导致了土地市场的过度竞争,地价信号能否真实反映土地的价值? 市场因素、制度因素和地块因素在地价信号发现过程中的作用过程和方式是什么? 在此背景下,探索我国土地制度转型与快速城镇化阶段中地价信号的发现过程及其影响十分重要。本章通过系统梳理已有文献,回顾地价信号的发现过程,总结地价信号对于市场与企业的影响,提出需要进一步研究的问题。

2.1　地价信号的发现过程

2.1.1　地价信号发现的定义

价格发现(price discovery)是市场参与者在信息、环境和竞争等特定因素的影响下在场上进行决策,将所掌握的市场状况、企业特征、竞争程度、资产属性等一系列信息通过决策融合到资产价格的过程(Copeland and Stapleton,1993;Barkham and Geltner,1995;Bible et al.,2002)。在有效市场中,价格发现过程顺畅,价格能快速、充分地反映信息,并在没有滞后的情况下调整到新均衡位置上。而实际中的市场并非完全有效,不同市场的微观结构导致对信息处理过程及对信息的反应速度和反应程度存在差异,价格调整速度较快的市场具有较强的价格发现能力。迄今为止,对于价格发现的经验研究仍非常有限,大多关注同一种标的资产在市场上的发现过程,以及关联产品市场之间的价格发现。

在新古典市场均衡理论的假设下,处于市场均衡和有效状态的地价由供需因素共同决定,地价通过影响房地产供给和房地产成本来影响房价,但现实中的市场并不处于这样的理想状态,市场大多数时候处于非均衡状态,价格的短期波动使市场价格偏离均衡水平。土地市场上的价格信号发现是在特定规则下,竞价人(城市中主要开发商)依据不同的信息、策略、经验,进行多次博弈的过程,是参与主体将各类信息融合到价格的过程。市场越有效,地价信号反映的信息量越全面。地价信号发现的研究路径主要从两个方面展开:一是聚焦在房地产市场的搜寻和匹配方面(特别是关于住房市场搜寻的文献),研究十分丰富;二是聚焦在土地市场上的私人谈判,利用纳什博弈论分析其博弈过程和均衡结果。Davis(2011)指出由于数据获得有难度,这两条线索的实证研究还十分有限,基于市场结构,市场中竞价人行为的分析成为地价信号发现过程研究的新趋势。

2.1.2　地价信号的决定因素

与传统的供求分析框架、实物期权模型不同,基于行为经济学和信息经济学的价格信号发现理论认为,除了经济基本面因素以外,信息、行为、环境等非经济基本面因素在价格信号发现中起着更为关键的作用。Choy 和 Zhang(2010)认为价格信号发现是一个信息综合的过程,市场参与者关于资产价值的观点以及其他信息被综合到单一统计量中,即产品的市场价格。土地出让中产生的偏高或者偏低的价格蕴含了新信号,这些信号最终会通过价格信号发现的形式表现为土地竞价结果。行为经济学对市场的假设更贴近现实,在信息不完全与决策者有限理性的假设下,决策者无法获取完全的信息而做出理性的决策;与之相反,决策者会受到预期等非理性因素的影响。价格信号发现理论从行为视角出发,关注单个或者多个市场中新的信息和市场信号对市场价格的影响和作用。已有实证研究表明在地价信号发现中,信息、市场结构、竞价人特征等非经济基本面因素对价格信号发现的影响更为重要。

我国是典型的新兴市场经济国家,经济上处于快速发展时期,将价格发现理论引入土地市场,对土地竞价过程中的决定因素进行系统总结,探索城市土地市场上的价格发现机制具有典型意义。国内已有学者开始关注特殊的土地竞拍结果及其影响因素,并对其产生原因进行了深入分析(施钰,2010;郑秋红,岑仲迪,2010;陈真诚,2008;华伟,侯雨茜,2009;王保才,2009)。特征价格模型是研究房地产价格影响因素的有效工具,土地竞拍价格发现过程中的决定因素在不同制度下有显著差异性(Seow,Kenneth and Chee,2005;Nagahata et al.,2004;Grimes and Liang,2009;温海珍,贾生华,2004;任荣荣,郑思齐,2008;秦波,孙亮,2010;罗罡辉等,2007)。土地价格发现的决定因素,可以划分为三类:一是制度因素,包括出让方式、竞买规则;二是地块因素,区位特征、地块属性、规划条款;三是市场因素,竞争、信息、竞价人特征、市场竞争等。在此过程中,不同的国家关注的要素存在差异性,决定因素的影响程度和传导路径亦不尽相同,需要更多的实证检验。

2.1.3　地价信号发现过程的特征

早期的价格信号发现关注的主要领域是期货和股票市场,是市场通过公开、公正、高效、竞争的交易运行机制,形成具有真实性、预期性、连续性和权威性价格的过程。例如,在期货价格发现的过程中,期货与现货市场是具有相同价值基础紧密联系的市场。但是,这两个市场的微观结构相差较大,造成两个市场间的价格领先滞后关系。期货价格的发现过程,期货价格与现货价格之间长期均衡关系是学者长期关注的议题(Giliberto,1990;1993;Moss and Schneider,1996)。也有学者将同一资产的概念扩展到对股票市场和股票指数衍生品市场的价格信号发现过程,股指期货能够更快地反映信息冲击,完成价格调整,充当价格领先者,其价格信号发现与产品设计、交易机制和投资者群体等方面的属性和特征相关(Wei et al.,2011)。关于房地产领域中的价格信号发现的研究相对较少,已有研究主要围绕房地产市场与房地产信托的价格信号发现问题展开,关注证券化房地产市场与股票市场之间的价格信号发现过程。基本观点认为实体资产市场和证券化房地产市场的价格水平应该是一个整体,因为他们是对同一资产的定价,两个市场有共同的价值构成。Yavas 和 Yildirim(2011)对土地与房地产市场上的价格信号发现问题做了详细的文献综述。

学者研究表明土地与房地产市场价格信号的发现过程存在以下特征(Carr and Smith,1975;Barkham,1996;Colwell,1997;Wu and Zhang,2009;

刘琳,刘洪玉,2003;严金海,2006;宋勃,高波,2007;温海珍等,2010):首先,实体资产市场有较强的时间相关性,表现为地价与房价的自相关性,但证券化的房地产市场没有这种现象。实体资产市场中存在自相关现象,证券市场中不存在自相关现象,这说明实体资产市场中新信息没有快速地融合到价格中,使得实体资产价格不能得到及时调整,进而表现出与前几期相关的特性。其次,房地产市场同期的量价关系较弱,而滞后期的相关性较强。房地产证券化市场与实体资产市场之间存在因果关系,证券化房地产产品价格领先于实体资产市场,证券市场信息传递到实体资产市场中,引起它的价格变化,被称为市场之间的价格信号发现过程,已经在多个国家和地区得到证明。另外,还有一些学者研究了房地产公司股票价格、REITs价格信号发现过程以及他们之间的互动关系。第三,基于竞价人行为分析成为价格信号发现理论的重要趋势,特别是关于土地竞价的问题已得到越来越多的关注(Myer and Webb,1994;Barkham and Geltner,1995;Newell and Chau,1996)。在新加坡和中国香港地区,土地竞拍价格已是研究热点,学者们关注的问题集中在两方面:一是拍卖过程竞价人的决策过程和决策行为;二是竞价结果是不是能够发现资产的真实价值,竞拍方式是否是一种有效的价格信号发现机制。

2.2 地价信号的影响

2.2.1 对关联市场的影响

地价信号发现领域有一个重要的问题是土地出让结果在不同市场间的传递过程,土地市场与房地产市场之间的联系紧密。我国城市经营性建设用地由政府进行储备,以招拍挂方式供给,"价高者得"的竞买规则迅速提升了土地价格。土地出让已经成为政府、房地产业界、消费者和新闻媒体关注的重大事件,出让结果经过媒介传播后对房地产市场和区域开发产生影响。较高的土地溢价率或者流拍会导致周边项目、所在区域甚至整个城市房地产市场的量价波动(Chan and Shimou,1999;陈真诚,2008)。

Chau等(2001)指出土地出让事件是城市增长与房地产项目开发的风向标,利用中国香港地区1995—2007年的相关数据检验了地价信号对于周边区域房地产价格的影响,实证结果表明超预期的地价信号在整个市场范围和当地域区内对房地产价格均有影响。然而,这一影响是不对称的。低于预期的价格信号对整个市场范围内和当地的房地产市场有显著的负面影响,而高于预期的价格信号对房地产市场的影响很小或者没有影响。陈真诚(2008)论述了土地流拍带来的影响,指出土地流拍现象反映了开发商对未来房价的预期,是市场供求关系变化的信号。随着土地市场日渐成熟,土地出让价格对房地产市场和城市增长的影响将日益增强,地价已成为城市扩张和土地利用规划调整的重要信号,驱动城市内部更新和外向扩张。

2.2.2　对房地产企业的影响

地价信号对于房地产企业也有重要影响。Tse 等(2011)检验了竞拍成功企业股票价格的非正常收益变化,检验拍卖理论中"赢者诅咒"现象是否在土地拍卖中存在。文章利用中国香港地区 1993—2003 年 123 宗土地出让数据及购地企业的股票价格数据进行检验,实证研究发现土地拍卖价格超过起拍价后,股票价格呈现不同的变化趋势。成交价格超过起拍价的幅度每增长 10%,企业股票的累计非正常收益增加 0.71%,成交价格超过专家估计值的幅度每增加 10%,企业股票的非正常收益增加 0.18%。当企业出价超过起拍价 95% 或者超过专家估值平均值 51% 时,获得土地的企业的股票收益遭受"赢者诅咒"的影响而下跌。Ooi 等(2006)实证发现获取土地可以带来正向的企业收益变化,带来企业的财富效应,有开发经验的开发商比没经验的开发商能获得更高的非正常收益。

与新加坡等较为成熟的土地竞拍市场不同,我国(不包括台湾、香港和澳门)城市土地资源配置方式和竞价规则处于调整转型时期,房地产企业发展时间短,风险认识能力和行为偏好存在显著差异,其竞价行为更具侵略性,地价信号发现过程具有显著时代特征,存在"赢者诅咒"现象(Deininger and Jin,2005)。在此背景下,需要在理论上探索出让方式、竞买规则、竞买人行为、市场结构等因素在地价信号发现过程中的作用方式、路径和结果,科学解释这一价格信号发现过程。

2.3　进一步的研究问题

目前,我国正处于快速城镇化的阶段,只有从理论上清晰认识地价信号的发现过程,明确其内在机理,才能从根本上治理非正常地价信号的影响,促进城市与房地产市场的健康发展。在理论上需要进一步关注以下三个方面的问题:

第一,形成一套科学的地价信号定义、测量与描述方法。将地价信号描述出来,需要一套科学合理的地价信号界定方法、测量方法与空间描述方法,需要对地价信号进行分类,提出溢价测量方法,并对出让结果进行空间描述。需要对现有城市土地招拍挂出让的结果进行归类,将土地出让作为一个事件,将事件结果按照对外界信号传递的强弱进行归类,对流拍、撤回、成功交易进行信号定义。在此基础上,将土地出让价格信号分为正向土地出让价格信号和负向土地出让价格信号。同时,地价信号数据库建设也十分必要,可以根据出让地块的区位属性、地块特征、交易结果、竞拍价格等变量进行定义,将出让地块信息和空间数据联系起来,构建土地出让信息数据库。

第二,构建地价信号发现过程的博弈分析模型。从招拍挂过程中竞价人的行为视角出发,构建土地竞价发现过程理论分析模型,将竞拍人数量、市场情绪、出让规则等影响纳入分析框架,分析土地竞拍价格发现过程。依据我国土地竞拍中的情景,设计小众竞争格局下的土地竞价博弈模型,寻找不同约束条件下土地竞价均衡结果,实现对土地竞价过程和结果的定量描述。

第三,识别地价信号发现过程的决定要素,总结发现机制。探索验证地价信号发现中决定要素的作用过程与边际效应,从而将对地价信号有重要影响的因素识别出来。招拍挂方式下,土地出让已经成为影响当地城市发展与房地产市场稳定的重大事件,挖掘地价信号的发现过程,评估其对市场与企业的影响,是推动城市理性增长与房地产市场的稳定发展的重要理论与现实问题。

第 2 篇

城镇土地竞拍价格的形成过程

第3章 招拍挂出让方式下土地竞拍价格发现过程的实证分析

3.1 引言

中国城市土地市场的兴起吸引了越来越多学者的关注,土地供应需要在实现经济发展、稳定房地产市场、保证政府土地收益与环境可持续等多目标之间寻找平衡,土地配置方式由无偿、协议、再到公开竞价,土地价格是影响城市增长和房地产市场稳定的重要研究议题(Chan and Shimou,1999;Deininger and Jin,2005;Ambrose,2005;Wu,Zhou and Feng,2007;丁成日,2008;Li et al.,2009;Du,Ma and An,2011)。公开竞价(招标、拍卖与挂牌)已成为我国城市土地价格发现的主要方式,竞价结果对房地产市场与城市发展影响重大。近年来,国际上对于公开竞价方式配置土地资源的讨论和质疑增多。有学者认为在转型与发展中国家推行公开竞价方式会导致土地价格偏离合理水平,地价信号传递到上下游市场,形成整体性的资产贬值或价格泡沫。在此背景下,探索我国土地制度转型与快速城镇化阶段中土地价格微观发现过程具有现实必要性和理论紧迫性。本章利用2009—2011年杭州公开出让土地的出让数据,对城市土地竞拍价格的发现过程进行实证研究。

3.2 研究区域与数据描述

杭州市从1999年开始实行经营性土地储备与公开出让制度,是我国最早实行土地市场化出让的城市之一,土地市场的竞争较为激烈,市场相对成熟。从2009年到2011年,杭州市公开出让的土地数量为330宗。出让地块涉及的区域包括杭州市所有8个城区:上城区、下城区、江干区、拱墅区、西湖区、滨江区、萧山区和余杭区。

经营性用地可以选择招标、挂牌和拍卖三种形式进行出让，杭州经营性用地全部采用挂牌方式进行出让。在330宗出让土地中，住宅用地为108宗，商业用地122宗，工业用地100宗。从住宅用地来看，地块面积均值为40695.63平方米（61.04亩），楼面地价①均值为9829.90元/平方米，容积率均值为2.39。从商业用地来看，地块面积均值为22407.32平方米（31.61亩），楼面地价均值为7902.87元/平方米，容积率均值为3.40。从工业用地来看，地块面积均值为26667.41平方米（40亩），楼面地价均值为370.64元/平方米，容积率均值为1.79。变量的描述性统计见表3-1。

表 3-1 变量描述性统计

变量归类	变量名称	N	极小值	极大值	均值	标准差
时空因素	单位地价	330	177.90	46284.00	6251.04	6211.67
	区位位置	329	0.04	25.60	11.0038	5.73
	信息传播时长	330	9	51	31.89	6.64
市场因素	起始价格	330	50.00	268085.00	34302.2784	40849.26
	竞价人数	155	1	8	3.46	1.842
	竞价轮次	161	0	67	14.68	12.348
地块因素	地块面积	330	1021.00	246831.00	29683.52	25680.357
	建筑面积	330	452.00	384030.00	70710.48	55875.05
	容积率	330	0.44	8.00	2.5841	1.12077

3.3 土地竞拍价格：空间区位的作用

从地价单中心扩展模型的角度研究城市地价空间结构时，会根据城市的情况不同而选择不同的变量。所选择的变量通常可以分为如下几类：距CBD（central business district）的距离变量、距交通系统的距离变量、距城市副中

---

① 楼面地价是单位建筑面积平均分摊的土地价格。楼面地价是房价的主要组成部分之一，与建造成本、开发利润、相关税费等共同构成了商品房的市场价值，是竞价人评估土地价值的关键指标。楼面地价的计算公式：楼面地价＝土地总价/规划建筑面积。

心的距离变量、距宜人性风景点的距离变量、地块空间特征变量、距市政工程的距离变量及其他一些独特变量。CBD 是位于城市中心,围绕地价峰值周围的第三产业高度集中的地区,是以中心商业和中央商务两大职能为主体的全市核心功能区,是由符合 CBDI>1 和 CBDII>50％的周边街道所包围的连续街区(汤建中,1995)。它的特征是高可达性、高密度和高地价。CBD 内的地价在城市内部或者区域内是最高的,是城市地价峰值所在。

一般而言,随着与繁华中心距离的增大,物质、能量密集程度减少,积聚能力减弱,土地使用价值下降,从而地块的市场价值也下降。根据杭州城市布局形态和结构分区规划,武林广场地区属于市级城市中心。本研究以武林广场作为杭州市的城市商业中心,测量地块的区位位置。

利用观察的土地出让数据,通过线性、对数和幂指数三类函数形式模拟地价与区位之间的关系。从图 3-1 可以看出,住宅用地竞拍价格围绕拟合曲线,上下波动较大;而图 3-2 和图 3-3 反映出商业和工业用地相对集中地分布在拟合曲线上下。总体来看,住宅用地和商业用地竞拍价格和空间位置呈明显的负相关性,即距离市中心越近,竞拍价格越高,符合单中心城市地价分布规律。与住宅用地和商业用地相反,工业用地单位价格与空间位置呈正相关关系,即距离市中心距离越远,单位价格越高。

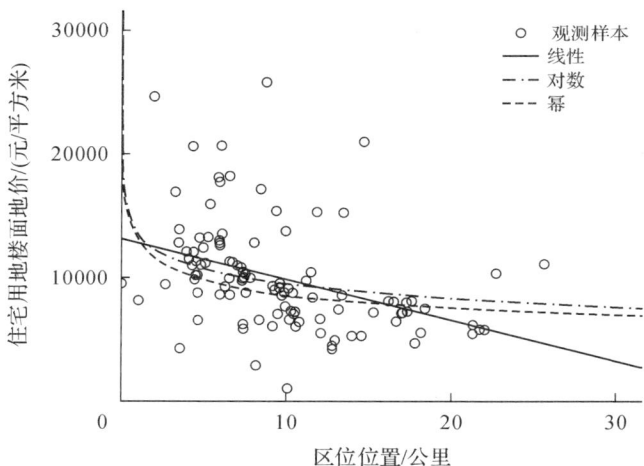

图 3-1 住宅用地价格与空间区位的关系

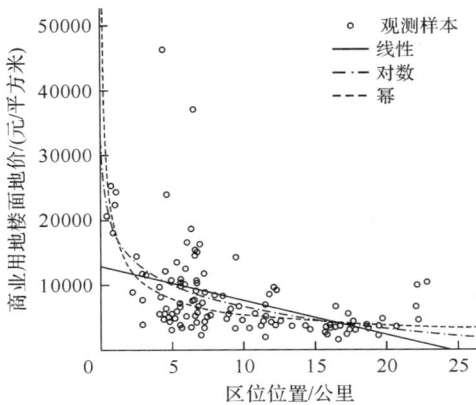

图 3-2　商业用地价格与空间区位的关系　　图 3-3　工业用地价格与空间区位的关系

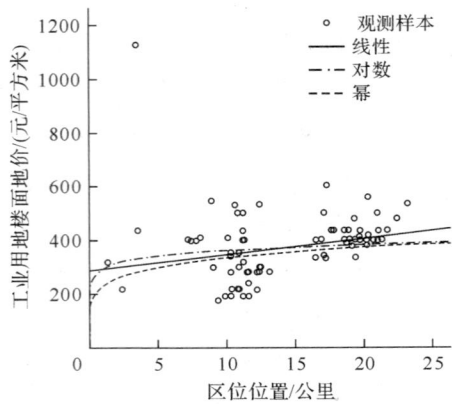

　　尽管回归方程的总体显著（F 检验）都表明区位和价格之间存在显著的相关关系,但模型的总体解释力不强。从住宅用地来看,三种方程中区位对于地价的解释力分别为 16.8%、9.8% 和 10.3%,解释力最好的是线性函数形式;从商业用地来看,三种方程中区位对于地价的解释力分别为 19.2%、28.3.8% 和 34.5%,解释力最好的是幂函数模型;从工业用地来看,三种方程中区位对于地价的解释力分别为 5.1%、1.1% 和 4.7%,解释力最好的是线性函数形式(见表 3-2)。

表 3-2　土地竞拍价格与区位关系模型

方程		参数估计值		模型汇总		
		常数	b_1	R^2	F	Sig.
住宅用地价格	线性	13175.174	−331.188	0.168	21.215	0.000
	对数	13650.596	−1796.042	0.098	11.470	0.001
	幂	13370.092	−0.191	0.103	12.016	0.001
商业用地价格	线性	12867.623	−526.329	0.192	28.606	0.000
	对数	17851.240	−4889.982	0.283	47.251	0.000
	幂	18218.389	−0.527	0.345	63.173	0.000
工业用地价格	线性	286.935	5.984	0.051	5.289	0.024
	对数	295.126	29.582	0.011	1.074	0.303
	幂	232.079	0.160	0.047	4.811	0.031

通过进一步分析 100 宗工业用地的数据,我们发现工业用地价格与区位位置呈负相关的关系,原因可以归纳为以下两个方面:一方面,工业用地集中在工业或产业园区,杭州工业用地集中在滨江、萧山、余杭与下沙产业园区,主城区的工业用地数量很少,土地并非均匀地分布在城市中,这种集中分布导致不容易观测到价格与区位的关系。另一方面,政府控制出让价格,宗地价格变动幅度小。尽管工业用地也采取招拍挂的方式进行出让,但地方政府出于招商引资、拉动经济的需求,对工业用地的出让更多采用招标与挂牌的方式进行,价格接近于成本价。这种工业用地的低价格出让更多是地方政府出于产业培育、地区竞争的考虑之举,通过低成本引入知名企业,带动地方经济的增长。由于到这两个方面因素,所以统计发现的负相关性并不能反映真实的价格分布,只能更多地体现政策的影响。

3.4　土地竞拍价格:出让条款的影响

在控制空间区位因素的影响下,我们进一步将地块的约束条款(政府设定的开发条款)纳入分析框架,考虑约束条款对于竞拍价格的影响。约束条款回归模型见表 3-3。

表 3-3　约束条款回归模型

模型	R	R^2	调整后的 R^2	标准估计的误差
住宅用地	0.596	0.356	0.324	3656.45
商业用地	0.614	0.377	0.350	5391.14
工业用地	0.766	0.587	0.565	87.77

从模型总体效果来看,增加约束条款后,模型的总体解释有所上升。住宅、商业和工业用地模型调整后的 R^2 分别为 0.324,0.350 和 0.565。各变量与单位地价总体相关性较高,通过 F 检验,表明自变量总体上与因变量有显著相关关系。在控制区位因素的条件下,表 3-4 描述了住宅、商业和工业用地的回归系数。

在住宅用地价格方程中,地块面积、起始价格和信息传播时长对于土地竞拍价格常有显著影响。地块面积与土地竞拍价格呈负相关性,这意味着地块面积越大,单位价格越低。从目前政府推出土地的面积来看,由原来的较大

表 3-4   约束条款回归模型变量系数

变量	住宅用地价格		商业用地价格		工业用地价格	
	系数	T 值	系数	T 值	系数	T 值
（常量）	7611.410*	1.609	20075.468***	7.809	713.149***	9.705
地块面积	-0.117***	-4.162	-0.118***	-4.193	-0.008***	-5.725
容积率	-1113.871	-1.239	-2352.924***	-4.932	-183.574***	-10.053
起始价格	0.084***	5.196	0.085***	5.251	0.149***	5.612
信息传播时长	199.735*	1.607	-29.504	-0.507	0.330	0.229
区位位置	-217.048***	-3.062	-390.169***	-4.078	-1.932	-0.919

注：*，显著性水平为10%；**，显著性水平为5%；***，显著性水平为1%。

地块出让转变成小块出让，平均地块面积在 50 亩（33333.3 平方米）左右。容积率系数的显著性不高，可能的原因是本研究的楼面地价已经考虑容积率的影响。起始价格对于单位地价有正向影响，竞拍门槛越高，单位竞拍价格越高。信息传播时长与土地竞拍价格呈正向相关，政府可以通过更广泛的传播地价竞拍信息，提升单位土地竞拍价格。

在商业用地价格方程中，地块面积、容积率、起始价格对于土地竞拍价格有显著影响。地块面积与土地竞拍价格呈负相关性，这意味着地块面积越大，单位价格越低。容积率对商业用地单位价格有显著负相关，容积率越高，楼面地价较低。起始价格对于单位地价有正向影响，竞拍门槛越高，单位竞拍价格越高。与商业用地相似，在工业用地价格方程中，地块面积、容积率、起始价格对于土地竞拍价格有显著影响。在商业和工业用地价格方程中，信息传播时长与区位因素的系数并不显著。

约束条款土地价格方程中，由于控制区位因素的影响，政府对于地块的约束条款对于竞拍价格有显著影响。房地产企业在土地竞拍过程中，不仅要考虑区位因素，而且要考虑地块的具体因素，如地块面积大小、容积率、起始价格等。这表明企业在土地竞价前已经考虑到这些约束条件对于未来收益的影响。约束条款与区位因素一样，对土地竞拍价格有着显著的影响。

3.5   土地竞拍价格：市场竞争的作用

城市土地竞拍价格微观发现过程受市场结构、竞买规则、竞买人特征和出让方式等因素的影响。土地市场上的价格发现是在特定规则下,竞价人依据不同的信息、策略、经验,进行多次博弈的过程。与新加坡等较为成熟的土地竞拍市场不同,我国(不包括台湾、香港和澳门)城市土地资源配置方式和竞价规则处于调整转型时期,房地产企业发展时间短,风险认识能力和行为偏好存在显著差异,其竞价行为更具侵略性。土地价格发现过程具有显著时代特征,普遍存在"赢者诅咒"现象(Ching and Fu,2003;Deininger and Jin,2005;Tse,Pretorius and Chau,2011)。

目前,土地市场上开发商的竞争已经进入白热化阶段,杭州竞价轮次最多的一块土地,经过 67 轮的叫价才最终成交。开发商在土地市场的决策不仅基于前期对于土地的评估,而且同样也受到市场氛围的影响。为进一步考察市场竞争对土地竞拍价格的影响,将观察到的杭州土地出让中的竞价人数量和竞价轮次变量纳入价格方程,考察市场竞争程度对竞拍价格的影响。在工业用地出让过程中,尽管也是通过招拍挂方式进行出让,但其市场竞争程度要低于住宅和商业用地,其竞价行为更加难以观察,数据更加难以收集,本部分以住宅和商业用地的数据来分析市场竞争对于价格的影响。目前的土地市场,经营性用地(住宅、商业)通常需要通过竞价才能获得,而工业用地通常是通过挂牌的方式确定对象。竞价人数多,竞价轮次多,表明该地块竞争激烈。加入竞价人数和竞价轮次变量后,模型总体解释力(调整后 R^2)有所提升,解释力分别为 50.7% 和 58.9%,见表 3-5。

表 3-5　市场竞争回归模型

模型	R	R^2	调整后的 R^2	标准估计的误差
住宅用地价格	0.741	0.549	0.507	3281.67549
商业用地价格	0.794	0.630	0.589	4996.43989

从表 3-6 来看,在住宅用地价格方程中,竞价人数和竞价轮次对于土地竞拍价格有显著正向影响,市场竞争越激烈(竞价人数多,竞价伦次多),土地单位价格高。在商业用地价格方程中,竞价轮次的影响是显著的,而竞价人数并不显著。目前,地方政府控制了土地出让的时间、规模和节奏,对具体宗地的需求能够提前获取信息。可以有选择地出让较多企业关注的地块,通过提升市场竞争程度,提升土地竞拍价格。

表 3-6　市场竞争模型回归系数

模型	住宅用地价格		商业用地价格	
	系数	T 值	系数	T 值
（常量）	12993.724 ***	2.664	18406.067 ***	3.496
竞价人数	1143.395 ***	4.257	41.596	0.083
竞价轮次	60.853 *	1.557	299.333 ***	4.080
地块面积	−0.166 ***	−5.356	−0.223 ***	−4.032
容积率	−2465.983 **	−2.573	−3267.168 ***	−5.899
起始价格	0.116 ***	6.093	0.111 ***	4.748
信息传播时长	40.477	0.332	12.827	0.091
区位位置	−186.319 ***	−2.756	−242.270 **	1.947

注：*，显著性水平为 10%；**，显著性水平为 5%；***，显著性水平为 1%。

3.6　结论与启示

在我国土地制度转型与快速城镇化的背景下，城市土地价格的发现过程在很大程度上影响着房地产市场的稳定性和城镇化的速度。探索我国土地制度转型与快速城镇化进程中土地价格的微观发现过程，意义重大。本部分通过对我国城市土地出让微观数据的研究，构建土地竞拍价格模型，将从时空因素、地块因素和市场竞争因素三个维度分析土地竞拍价格的形成过程。

区位因素对于土地竞拍价格有显著影响，但是其整体解释力不高。住宅和商业用地价格与距离 CBD 距离呈显著的负相关关系，而工业用地价格与距离 CBD 距离呈正相关关系，两种不同用地类型呈不同的地价空间分布。区位位置发布的竞拍价格的解释能力有限。政府发布的地块约束条款对于土地竞拍价格有显著影响，地块面积、容积率、起拍价格对土地价格起着决定作用，而信息传播时长的作用并不显著。土地竞拍价格在受上述客观因素影响之外，还受市场环境的影响。此外，市场竞争氛围能够影响到开发商的竞价决策，竞价人越多、竞价轮次越多，市场氛围越热烈，开发商则倾向于给出更高的竞拍价格。当前和今后很长一段时期内，城市土地价格都将是影响我国房地产市场发展与城市建设的关键变量，探索和挖掘我国城市土地价格的发现机制，对于调控房地产市场与推动城市区域的合理扩张意义重大。

第4章 城镇住宅用地开发约束条款对出让价格的影响分析

在土地招拍挂出让的制度下,任何一块公开出让的住宅土地都包括以下几项政府控制指标:容积率、地块面积和出让方式;有的控制指标更加严格,限定了建筑密度、建筑高度、绿化面积、道路面积等。随着城市居民住房消费的持续升温,住宅价格和楼面地价逐渐成为影响居民生活水平的重要因素,如何稳定不断上涨的住宅价格和楼面地价成为政府的一个重要议题,也为政府干预土地市场提出了新的挑战。然而,政府对于土地市场的干预是否会产生预期的效果? 政府的规划限制条件对楼面地价到底会产生什么样的影响? 这些问题还需要实证检验来给出答案。

4.1 引言

西方国家政府对于土地市场干预的目的在于确保城市的开发进程与政府的长期规划目标一致,减少住宅土地使用中的外部性。"土地规划"、"分区管理"和"建设许可制"是政府干预土地市场常用的政策工具,他们决定了城市未来可开发住宅土地的位置、类型和数量(Cheshire and Sheppard,2005)。建设许可政策则体现了土地规划和分区管理政策对于开发区域的预期结果,通过对土地上建筑类型、高度和密度的限制来控制土地的开发强度。

Mirrlees(1972)指出在住宅建设密度方面可能存在市场失灵,在缺乏土地市场规划机制和控制住房密度机制的条件下,个人拥有的土地就会被超密度地开发。因此,在土地私有的情况下,政府进行土地规划会提高土地价值并实现帕累托最优(Pareto optimality)。但是,如果规划的开发密度过低,会导致低密度的土地供给过多,土地价值就会低于最优水平,可能比没有政府干预情况下的土地价值还要低。政府干预对于土地市场的影响是比较复杂的,有些研究指出政府对于土地市场的干预提高了土地市场的效率;有些研究则认为政府干预给土地市场强加了一个捆绑约束,而这个捆绑约束会影响土地市场的供应,导致楼面地价的扭曲。

长期以来,我国实行最严格的土地用途管制制度。住宅土地容积率的规划需要与该区块及其周边地区进行协调,并考虑整个城市基础设施的服务能力和承载能力。如果单项地块的容积率过高而超过其基础设施的服务能力和承载能力,尽管政府和开发商可以从中取得高额利润,但因为过度开发会给基础设施带来额外负担,进而转嫁到周边地区和整个城市,产生由社会负担其成本的土地利用外部性,既影响土地利用的效率,又造成土地利用的不公平。

4.2　研究假设与实证框架

我们将住宅土地的市场价格看作是关于政府出让限制条件的函数。现阶段,容积率是政府控制土地开发方式和开发密度最主要的指标,也是政府最关注的限制条件之一。此外,政府对出让地块面积的控制也越来越严格,出让地块的面积基本上决定了住宅建设的风格和类型,出让地块面积的大小往往体现着政府的开发意图。而住宅土地的出让方式则直接关系到政府如何选择满意的开发商。因此,在实证分析框架中,楼面地价是关于政府法定容积率、出让面积、出让方式的函数。为了控制出让时间及出让区域对于出让价格的影响,将出让土地所在的城市区域和年份作为控制变量引入方程。因此,可以得到一个关于政府干预对楼面地价影响的函数方程。

$$Lprice_i = f(Ratio_i, Area_i, Sale_i, Year_i, Zone_i) \tag{4-1}$$

式中:$Lprice_1$ 是第 i 宗出让土地的单位面积价格,$Ratio_i$ 是出让地块的法定容积率,$Area_i$ 是出让地块的面积大小,$Sale_i$ 是出让方式,$Year_i$ 表示住宅土地出让的年份,$Zone_i$ 表示出让地块所在的城市区域。

4.3　研究地区、数据和实证结果

4.3.1　研究区域与数据描述

杭州市从 1999 年开始实行住宅土地公开出让制度,是我国最早实行土地市场化出让的城市之一。土地市场的竞争较为激烈，市场相对成熟。从 1999 年到 2009 年，杭州市公开出让的住宅土地数量为 286 宗。出让地块涉及的区域包括杭州市 6 个主城区：上城区、下城区、江干区、拱墅区、西湖区和滨江区（不包括萧山区和余杭区）。

　　杭州市 1999 年到 2009 年出让的 286 宗住宅土地，其平均地块面积为 42288.24 平方米，其中最大出让地块的面积达 258944.00 平方米，而最小出让地块的面积为 748.00 平方米，出让地块的面积变化幅度较大。286 宗出让土地的平均价格为每平方米 11955.91 元。政府对于这 286 宗出让土地的容积率控制在 1.00～5.00 之间，均值为 2.36（见表 4-1）。从 1999 年到 2009 年，公开出让的土地都是以招标、拍卖和挂牌的形式进行交易的。在 286 宗土地中，以挂牌形式进行出让的土地宗数最多，占到 68.18%；而以拍卖形式出让土地的数量最少，仅占 1.40%；以招标形式出让的土地占到了 30.42%。因此，从 1999 年到 2009 年，挂牌和招标是住宅土地出让的主要方式。

表 4-1　变量描述

变量名	代码	均值	标准差	样本量
单位楼面价格	$Lprice_i$	11955.91	9274.14	286
容积率	$Ratio_i$	2.36	0.57	286
土地面积	$Area_i$	42288.24	33030.85	286
出让方式	$Sale_1$	0.01	0.12	286
出让方式	$Sale_2$	0.68	0.48	286
所在区域	$Zone_1$	0.07	0.26	286
所在区域	$Zone_2$	0.09	0.29	286
所在区域	$Zone_3$	0.17	0.38	286
所在区域	$Zone_4$	0.16	0.37	286
所在区域	$Zone_5$	0.29	0.46	286
所在区域	$Year_{2000}$	0.05	0.22	286
出让时间	$Year_{2001}$	0.04	0.20	286
出让时间	$Year_{2002}$	0.06	0.24	286
出让时间	$Year_{2003}$	0.12	0.32	286
出让时间	$Year_{2004}$	0.10	0.30	286

续表

变量名	代码	均值	标准差	样本量
出让时间	$Year_{2005}$	0.11	0.32	286
出让时间	$Year_{2006}$	0.07	0.26	286
出让时间	$Year_{2007}$	0.14	0.35	286
出让时间	$Year_{2008}$	0.05	0.21	286
出让时间	$Year_{2009}$	0.23	0.42	286

从 286 宗土地出让的年份分布来看,土地供应的数量受政府的影响较大。1999 年,杭州市公开出让住宅土地仅有 9 宗,在数量上占到 1999 到 2009 年所有出让土地数量的 3.15%,出让面积占 1999 年到 2009 年的 0.47%。2000 年出让土地数量有所增长,公开出让住宅土地 14 宗,在数量上占到这个时间段的 4.90%,在面积上占到 1.88%,出让地块的平均面积开始下降。2001 年,公开出让住宅土地 12 宗,在数量上占到 4.20%,在面积上占到 4.45%。2002 住宅土地出让的数量、面积均大于前几年,共出让土地面积 17 宗,在数量上占到 5.94%,在面积上占到 5.50%。2003 年杭州市出让的住宅土地,无论是数量还是面积都是最多的一年,出让住宅土地 34 宗,数量上占到 11.89%,面积上占到 19.42%(见表 4-2)。

表 4-2　杭州市各年份出让土地面积比例和出让宗数比例

年份	出让面积(m^2)	出让宗数(宗)	面积比例(%)	宗数比例(%)
1999 年	56890	9	0.47	3.15
2000 年	227581	14	1.88	4.90
2001 年	538320	12	4.45	4.20
2002 年	665925	17	5.50	5.94
2003 年	2349782	34	19.42	11.89
2004 年	1226402	28	10.14	9.79
2005 年	1092344	32	9.03	11.19
2006 年	1041634	21	8.61	7.34
2007 年	1801097	41	14.89	14.34
2008 年	527741	13	4.36	4.55
2009 年	2566720	65	21.22	22.73

2004 年和 2005 年,中央政府开始对房地产市场进行宏观调控,杭州住宅土地出让的数量和面积呈现缓慢下降的趋势。2004 年出让住宅土地 28 宗,在数量上占 9.79%,在面积上占 10.14%;2005 年共出让住宅土地 32 宗,在数量上占 11.19%,在面积上占 9.03%。总体看来,土地出让分布受政府的影响较大,时间分布不均衡。

4.3.2　实证结果

为了更加清楚地反应变量之间的关系,每平方米楼面地价、土地面积和容积率的数据被转变为以自然对数 e 为底的对数值,进行对数回归。回归方程中引入出让年份、出让方式和出让区域共 17 个哑变量。通过多次的重复实验,选用 SPSS 中的 enter 变量进入方法,来衡量上述哪些解释变量在方程中是显著的。从表 4-3 中可以看出,模型的整体效果一般,复相关系数(R)为 0.781,判定系数(R^2)为 0.610,调整后的判定系数为 0.582。从模型的方差分析可知,F 检验的 P 值小于 0.05,模型通过 F 检验,说明被解释变量和解释变量之间存在显著的线性关系。因此,从模型总体回归的结果来看,政府干预变量对于楼面地价的影响显著。

表 4-3　模型汇总

模型	R	R^2	调整后的 R^2	估计标准误	D. W. 值
1	0.781	0.610	0.582	0.45041	1.637

正如假设所预期的那样,容积率变量和楼面地价变量在 5% 显著水平下呈现负的相关关系。从表 4-4 中可以看出,容积率每增加 1%,会引起楼面价格下降 0.22%。因此,政府对于出让地块容积率的调整会显著地影响土地的楼面地价。另一个政府干预变量,出让地块面积与楼面地价在 5% 显著水平下呈现显著的负相关关系。从表 4-4 中可以看出出让地块面积的变化对于楼面地价的影响,出让地块面积增加 1%,会导致楼面地价下降 0.11%。

表 4-4 给出了所有变量的回归系数及检验结果,在政府干预的变量中,容积率和面积变量正和假设相符,而出让方式在回归过程中的影响并不是很显著。相对于招标出让方式,拍卖出让方式的哑变量并不显著,而挂牌方式的哑变量在 5% 显著水平下较为显著。此外,方程中的两个控制变量,出让年份

和出让区域变量大部分是显著的。从国外的实证研究来看,在城市发展相对成熟且经济稳定发展的情况下,这些控制变量通常是不显著的。现阶段,杭州市正处于经济高速增长和快速城镇化的过程中,出让年份和出让区域不同会显著地影响住宅土地的楼面价格。

表 4-4　回归系数

模型	非标准化系数		标准化系数	t	Sig.
	B	Std. Error	Beta		
(Constant)	8.34	0.35		23.61	0.00
$Ratio_i$	−0.22	0.12	−0.08	−1.80	0.07
$Area_i$	−0.11	0.04	−0.14	−3.06	0.00
$Sale_1$	0.081	0.25	0.014	0.32	0.75
$Sale_2$	−0.21	0.10	−0.14	−2.05	0.04
$Zone_1$	0.31	0.13	0.14	2.48	0.01
$Zone_2$	−0.13	0.12	−0.05	−1.09	0.28
$Zone_3$	−0.11	0.10	−0.06	−1.15	0.25
$Zone_4$	−0.34	0.09	−0.18	−3.68	0.00
$Zone_5$	−0.33	0.08	−0.21	−3.96	0.00
$Year_{2000}$	0.50	0.20	0.15	2.49	0.013
$Year_{2001}$	0.82	0.22	0.24	3.70	0.00
$Year_{2002}$	1.06	0.21	0.36	5.03	0.00
$Year_{2003}$	1.15	0.21	0.54	5.50	0.00
$Year_{2004}$	1.25	0.22	0.53	5.70	0.00
$Year_{2005}$	1.47	0.21	0.67	6.91	0.00
$Year_{2006}$	1.67	0.24	0.63	7.01	0.00
$Year_{2007}$	1.78	0.23	0.90	7.81	0.00
$Year_{2008}$	2.05	0.23	0.61	8.21	0.00
$Year_{2009}$	2.43	0.23	1.47	10.82	0.00

从回归模型的多重共线性检验中可知,所有的特征根(eigenvalue)都不接近于 0,而且条件数(condition index)大都小于 15,说明解释变量之间不存在

多重共线性。从表 4-3 中我们可以发现，模型的 D. W. 值为 1.64，样本量为 286，解释变量为 19，D. W. 检验的上下线为 1.550 和 1.92，因为 1.64 更接近于上线，可以暂且认为不存在序列相关；从回归结果中的散点图，可以判断不存在异方差。因此，数据满足多元线性回归的假设条件。

4.4　研究结论与政策启示

图 4-1 所示为微观约束条件对区域住房市场的影响路径的情况。

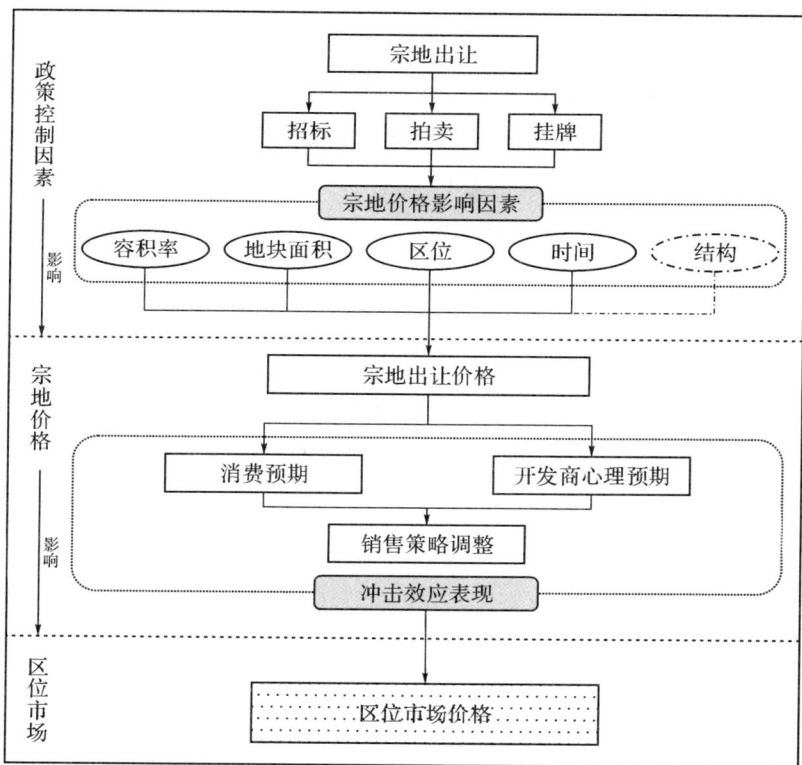

图 4-1　微观约束条件对区域住房市场的影响路径

（1）宗地出让方式、时间、区位与约束条款能够显著影响宗地的出让价格，容积率和单位楼面地价存在负相关关系，地块面积与单位楼面地价存在负相关关系。上述实证结果表明政府干预对于住宅土地出让价格有显著的影响。容积率越高，单位楼面地价越低，并且出让住宅土地的容积率增加

1%,会引起楼面地价减少 0.22%;同样,政府对于出让地块面积的控制也会影响出让住宅土地的楼面价格,出让面积增加 1%,会引起出让楼面价格下降 0.11%。因此,政府对于这两个约束条件的调整会显著地改变住宅土地的市场价格,导致楼面地价偏离自由交易价格,引起楼面地价的扭曲。

(2)通过调整宗地出让策略、改变约束条款,政府能够对宗地价格产生影响,在区域范围内形成冲击效应,对周边楼盘销售策略和价格产生影响。政府通过所控制的约束条件的变化传递政府干预土地市场的倾向。长期来看,这种干预倾向会改变开发商对住宅土地开发中的收益预期。收益预期的变化又会影响开发商对住宅土地的需求,最终会导致住宅土地交易价格偏离自由交易下市场价格,形成价格扭曲。同时,住宅市场和土地市场之间是相互关联的,住宅价格和楼面地价之间存在一种联动关系。楼面地价的扭曲通过土地市场传递到住宅市场上,导致住宅价格的扭曲;而这种联动关系会反过来作用于土地市场上,导致这两个市场上的交易价格背离市场价格,形成住宅市场与土地市场上的价格扭曲机制。

第 3 篇

土地供给量及价格对住房市场的影响

第5章 土地供给规模对住房价格的影响:城市层面的实证分析

本章将我国土地市场的现状与国际研究结合起来,构建土地供给影响住房市场的理论分析框架,构建计量模型。在此基础上,利用我国 35 个大中城市的经验数据,展开实证研究,验证土地供给规模对于住房市场的影响程度和时间路径,形成结论与政策启示。

5.1 引言

检验土地供给对住房市场的影响在国外已有不少研究,在理论框架和研究方法上,学者们主要使用以下两类方法:第一类方法是结合主流经济学理论和计量方法,估计土地供给量对住房市场的影响作用。如 Bramley(1993)的滞后反应模型、Peng 和 Wheaton(1994)的存量-流量模型、Tse(1998)的 Granger 因果检验、Pryce(1999)的可变弹性方法、Hui 和 Ho(2004)的集聚住房供应方程。Tse(1998)运用 Granger 因果检验检验了中国香港市场中土地供给量与住房价格之间的因果关系。Hui 和 Ho(2004)、Hui 等(2006)构建住房供给函数和住房需求函数,将土地供给变量纳入供给方程,然后从供给等于需求的一般均衡条件中解出土地供给对住房价格影响的实证模型。这种主流经济学理论加上计量经济学框架的研究方法在英国的研究中被普遍使用(White and Allmendinger,2003)。第二类方法是将行为学派的理论融合到以前的统计分析方法中,以检验"预期"因素在影响住房市场中的作用。这类方法重点考虑土地供应对住房价格增长或下降预期的影响,建立土地供应对住房价格影响的实证模型。由于实证模型包含了一些传统主流经济学无法分析的条款,如对未来土地价格的预期等,因此,在这种框架和假设下,一些看似非理性的行为(如持有和储备土地)也可以被包括在模型中。这类方法的使用以 Monk 和 Whitehead(1996;1999)的研究为代表。

　　本章基于经济学和计量统计的方法,首先构建住房市场的供需模型,然后运用计量方法进行分析。住房的供需模型已经有了成熟的发展和广泛的应用,本章主要基于已有的理论模型构建住房市场的相关方程。Hui 等(2006)扩展了 Follian(1979)和 Muth(1971)的研究,构建了住房市场的供需模型。通过分析土地供给量对住房供给量和住房价格的影响,探索土地供给量对住房市场的影响机制。

5.2　分析框架

　　一定区域内的住房需求量是由住房价格、居民收入和人口数量等因素决定的。在收入固定的情况下,居民对住房的需求受到住房价格的影响,高房价会抑制住房需求。当居民收入提高、消费能力增强时,对住房的需求也会随之增加。此外,住房市场的需求总量还受到市场规模的影响,城市人口越多,住房市场的需求总量越大。

　　住房供给首先受到房价的影响。高房价会刺激开发商加快住房开发的节奏,住房市场供给增加;低迷的房价使开发商推迟或停止住房的开发和销售,造成住房市场新增供给量减少。但是由于住房建设需要一定的周期,开发商往往无法对房价的变化立即作出响应。因此,本节假设开发商只能根据今年的房价决定明年的供给量。另外,由于土地资源是住房开发的原材料,因此,土地供给量在一定程度上决定了住房供给量。同样,住房建设周期的存在决定了土地供给对住房供给的影响具有一定的滞后期。因此,本节将检验不同滞后期的土地供给量对住房市场的影响作用。

　　住房市场供需模型可以用式(5-1)～式(5-4)来描述。住房需求是住房价格、居民收入和人口数量的函数,如式(5-1)所示;住房供给是一年前的房价 i 年前的土地供给量的函数,如式(5-2)所示。当住房需求和供给达到均衡时[见式(5-3)],住房价格可以表示为式(5-4)的方程。

$$D_t = \alpha_0 + \alpha_1 P_t + \alpha_2 Y_i + \alpha_3 POP_i \tag{5-1}$$

$$S_i = \beta_0 + \beta_1 P_{t-1} + \beta_2 LS_{t-i} \quad (i=0,1,2,3) \tag{5-2}$$

$$D_i = S_t \tag{5-3}$$

$$P_t = \gamma_0 + \gamma_1 Y_t + \gamma_2 POP_t + \gamma_3 LS_{t-i} + \gamma_4 P_{t-1} \tag{5-4}$$

式中：D_t 是 t 时期的住房需求量，P_t 是 t 时期的房价，Y_t 是 t 时期的居民收入，POP_t 是 t 时期的人口数量，S_t 是 t 时期的住房供给量，P_{t-1} 是 $(t-1)$ 时期的房价，LS_{t-i} 是 $(t-i)$ 时期的土地供给量。

5.2.1　土地供给量对住房供给量的影响模型

土地供给量对住房供给量的影响如式（5-2）所示：

$$S_t = \beta_0 + \beta_1 P_{t-1} + \beta_2 LS_{t-i} \quad (i=0,1,2,3)$$

由于土地供给量对住房供应量影响的滞后期是不确定的，并且不同滞后期的土地供给量对住房供应量的影响作用可能不同。因此，在实证模型中，分别构建当年、一年前、两年前和三年前的土地供给量影响当年的住房供给量的实证模型。

模型 1：检验当年的土地供给量对当年的住房供给量的影响作用

[方程 $S_t(P_{t-1}, LS_t)$]

模型 2：检验一年前的土地供给量对当年的住房供给量的影响作用

[方程 $S_t(P_{t-1}, LS_{t-1})$]

模型 3：检验两年前的土地供给量对当年的住房供给量的影响作用

[方程 $S_t(P_{t-1}, LS_{t-2})$]

模型 4：检验三年前的土地供给量对当年的住房供给量的影响作用

[方程 $S_t(P_{t-1}, LS_{t-3})$]

5.2.2　土地供给量对住房价格的影响模型

土地供给量对住房供给量的影响如式（5-4）所示：

$$P_t = \gamma_0 + \gamma_1 Y_t + \gamma_2 POP_t + \gamma_3 LS_{t-i} + \gamma_4 P_{t-1} \quad (i=0,1,2,3)$$

同理，土地供给量对住房价格的滞后期不确定。因此，在实证模型中，分别构建当年、一年前、两年前和三年前的土地供给量影响当年的住房价格的实证模型。

模型 5：检验当年的土地供给量对当年的住房价格的影响作用

[方程 $P_t(Y_t, POP_t, LS_t, P_{t-1})$]

模型 6：检验一年前的土地供给量对当年的住房价格的影响作用

[方程 $P_t(Y_t, POP_t, LS_{t-1}, P_{t-1})$]

模型 7：检验两年前的土地供给量对当年的住房价格的影响作用

[方程 $P_t(Y_t,POP_t,LS_{t-2},P_{t-1})$]

模型 8：检验三年前的土地供给量对当年的住房价格的影响作用

[方程 $P_t(Y_t,POP_t,LS_{t-3},P_{t-1})$]

5.2.3　Panel Data 模型

固定效应和随机效应 Panel Data 模型。本节选用单方程 Panel Data 模型，可以描述为：

$$y_{it} = \alpha_i + x_{it}\beta_i + u_{it} \quad (i=1,\cdots,n),(t=1,\cdots,T) \tag{5-5}$$

式中：x_{it} 为 $1\times K$ 向量，即 $x_{it}=(x_{1it},x_{2it},\cdots,x_{Kit})$，$\beta_i$ 为 $K\times 1$ 向量，即 $\beta_i=(\beta_{1i},\beta_{2i},\cdots,\beta_{Ki})'$，$K$ 为自变量的个数，n 为截面个数，T 为每一个体对应的时间长度，u_{it} 为误差项，其均值为 0，方差为 σ_u^2。

据模型中参数 α_i 设定的不同，Panel Data 模型可分为两种：固定效应模型和随机效应模型。在实证研究中，固定效应模型和随机效应模型的选择可以采用以随机效应模型为原假设的 Hausman 检验值是否显著来进行判别。

固定效应模型与随机效应模型的判别。固定效应模型与随机效应模型的判别主要以个体效应是否与解释变量相关为依据。如果个体不可观测效应与解释变量不相关，可采用随机效应模型并采用 OLS 或 GLS 来获得参数的有效估计值。Hausman(1978)提出了基于随机效应估计和固定效应估计差别的检验，即豪斯曼检验(Hausman test)。豪斯曼检验的基本思想与原理如下：

假设 Panel Data 模型为：

$$y_{it} = \alpha_i + \beta x_{it} + u_{it} \tag{5-6}$$

要检验解释变量 x_{it} 是否为随机变量，可设 $x_{it}=x_{it}^*-\delta_{it}$，则式(5-6)变为：

$$y_{it} = \alpha_i + \beta x_{it}^* + u_{it}^* \tag{5-7}$$

式中：$u_{it}^*=u_{it}-\beta\delta_{it}$。设 η 为与 x_{it}^* 相关但与 u_{it} 和 δ_{it} 不相关的工具变量，x_{it}^* 对 η 进行回归得到的估计值为 $\hat{x}_{it}^*$，残差为 $\hat{\tau}_{it}^*$，用 $\hat{x}_{it}^*$ 和 $\hat{\tau}_{it}^*$ 代替式(5-7)中的 x_{it}^*。可得：

$$y_{it} = \alpha_i + \beta\hat{x}_{it}^* + \beta\hat{\tau}_{it}^* + u_{it}^* \tag{5-8}$$

若令 θ 代表式(5-8)中 $\hat{\tau}_{it}$ 前的系数，并考虑到 $\hat{x}_{it}^*=x_{it}^*-\hat{\tau}_{it}$，则式(5-8)变为：

$$y_{it} = \alpha_i + \beta x_{it}^* + (\theta-\beta)\hat{\tau}_{it}^* + u_{it}^* \tag{5-9}$$

检验的具体做法为:

第一步,将 x_{it}^* 对 η 进行回归,求得 $\hat{x}_{it}^* = \hat{c}\eta_{it}$ 和残差 $\hat{\tau}_{it}^*$。

第二步,将 y 对 x_{it}^* 和 $\hat{\tau}_{it}^*$ 进行回归,并对 $\hat{\tau}_{it}^*$ 前系数进行 t 检验。

第三步,若 $\hat{\tau}_{it}^*$ 的 OLS 估计量的 t 统计量显著,则拒绝原假设:解释变量是非随机的,说明解释变量 x_{it} 为随机变量;若 $\hat{\tau}_{it}^*$ 的 OLS 估计量的 t 统计量不显著,则没有充足理由拒绝 H_0,说明解释变量 x_{it} 为非随机变量。

5.2.4　样本选取、变量选择与描述性统计

虽然不少学者用住房竣工面积来表示住房供给量,但是由于在中国预售制度下,当住房建筑物达到"正负零零线"后,开发商就可以申请预售,形成住房供给。因此,在可预售住房数据缺失的情况下,新开工面积比竣工面积更能代表住房的供给量。本研究用住房新开工面积代表住房供给量,数据来自历年《中国统计年鉴》。

土地供给面积同样来自于历年《中国统计年鉴》收录的每年的"土地购置面积"。需要指出的是该指标未考虑地块的容积率。房价用房地产开发企业销售的住房平均价格代表,数据来自《中国统计年鉴》。居民收入用城镇居民人均可支配收入代表,数据来自《中国城市统计年鉴》。城市人口用年末非农人口代表,数据来源同上。本部分选取中国 35 个大中城市 2003—2008 年的相关数据展开实证研究。模型中主要变量的描述性统计见表 5-1。

表 5-1　35 个大中城市 2003—2008 年主要变量的描述性统计

变量	住房价格（元/m²）	住房供给（万 m²）	土地供给（万 m²）	城市人口（万人）	人均可支配收入（元/年）
平均值	3581.46	564.50	426.75	671.76	23801.76
中值	2946.50	390.25	318.05	614.75	22368.83
最大值	13370.00	3076.20	1928.90	3257.05	56564.99
最小值	1277.00	54.50	22.90	133.01	12181.00
标准差	2056.31	558.43	371.36	528.47	8282.80
观测值	210	210	210	210	210

5.3 土地供给影响住房市场的实证结果

5.3.1 土地供给量对住房供给量的影响实证结果

模型 1 至模型 4 分别检验了当年、一年前、两年前和三年前的土地供给量对住房供给量的影响。实证结果表明一年前和两年前的土地供给量对住房供给量有显著正向作用。这主要是因为住房建造一般需要 1~2 年的周期,土地供给转化为住房供给需要 1~2 年的时间,因此,土地供给量对住房供给量的影响作用存在 1~2 年的滞后期。土地供给量对住房供给量的估计结果见表 5-2。

表 5-2 土地供给量对住房供给量的估计结果

	模型 1	模型 2	模型 3	模型 4
C	827.9056 *** (0.0000)	685.9461 *** (0.0000)	737.5330 *** (0.0000)	820.6098 *** (0.0000)
P	0.0714 *** (0.0000)	0.0575 *** (0.0006)	0.0723 *** (0.0002)	0.0661 ** (0.0241)
LS	−0.0183 (0.7454)			
LS_{t-1}		0.2612 *** (0.0000)		
LS_{t-2}			0.3499 *** (0.0000)	
LS_{t-3}				0.1467 (0.0682)
调整后的 R^2	0.9294	0.9444	0.9535	0.9429
D. W. 值	1.5006	1.8117	1.9675	2.5032

注:括号内为概率值。 ** ,显著性水平为 5%;*** ,显著性水平为 1%。

5.3.2 土地供给量对住房价格的影响实证结果

模型 5 至模型 8 分别检验了当年、一年前、两年前和三年前的土地供给量对住房价格的影响。实证结果表明当年和一年前的土地供给量对住房价格有显著负向作用,但是当年的土地供给量对当年房价的影响机制与一年前的土地供给量对当年房价的影响机制不尽相同。

当年的土地供给量主要是通过影响市场预期来影响房价的。当土地供给增加时,市场预期住房供给会增加,因此,消费者会持观望、等待的态度,而不是马上购买住房。同时,开发商预计住房供给增加后,也会加快销售进度,以免在一年后遭遇供过于求的不利情况。因此,总体来看,土地供给量增加会导致住房供给增加的预期,从而降低房价。土地供给量对住房价格影响的估计结果见表 5-3。

表 5-3　土地供给量对住房价格影响的估计结果

	模型 5	模型 6	模型 7	模型 8
C	-8208.176^{***} (0.0088)	-8054.370^{**} (0.0284)	-7349.287 (0.0906)	-6189.939 (0.1796)
LS	-0.9634^{***} (0.0005)			
LS_{t-1}		-0.9153^{***} (0.0020)		
LS_{t-2}			-0.4953 (0.1419)	
LS_{t-3}				-0.1236 (0.7217)
Y	0.0266 (0.4235)	0.0102 (0.7872)	0.0162 (0.7060)	0.0311 (0.5736)
D	17.2208^{***} (0.0005)	17.7654^{***} (0.0020)	16.4903^{**} (0.0142)	14.2205 (0.0546)
调整后的 R^2	0.8821	0.8974	0.9195	0.9505
D. W. 值	0.7006	0.9476	1.2945	2.6380

注:*,显著性水平为 10%;**,显著性水平为 5%;***,显著性水平为 1%。

一年前的土地供给量主要是通过影响住房供给量来影响房价的。一年前的土地供给量增加,当一年后土地供给转化为住房供给时,住房供给增加,从而会导致房价下跌。另外,实证结果表明居民可支配收入对房价没有显著影响,而人口数量对房价有显著的正向作用。这可能是因为人口数量与居民可支配收入存在一定的相关性,而人口众多的城市一般经济较为发达,居民的收入水平较高,住房的价格水平也高。

5.4 结论与启示

城市土地供给量对住房供给量有长期影响,土地供给影响住房供给量的时间路径1~2年,长期稳定的土地供给量通过增加住房供给降低住房价格。实证结果表明,在控制住房价格的条件下,土地供给量对于住房供给有显著影响。土地供给量与住房供给量之间存在统计意义上的正相关性,这表明增加土地供给能够在1~2年增加住房供给。因此,从政府调控市场的角度出发,要保持房地产市场稳定健康发展,需要有长期稳定的土地供给计划,而不是在住房价格高涨的同时,临时增加土地供给。

城市土地供给量对于住房价格存在显著影响,通过市场预期影响当年住房价格,通过影响住房供给作用于滞后一年的住房价格。实证结果表明,在控制人口和人均可支配收入的条件下,土地供给对住房价格有显著影响。土地供给对于住房价格影响的时间路径是当年和之后一起。这表明土地供给量对于住房价格的影响可能存在两种路径:一种是通过增加住房供给影响滞后一年的住房价格;另一种是通过影响当年的开发商和消费者的市场预期,影响当期的住房价格,影响的路径如图5-1所示。

在现有的土地供给模式下,如何形成长期稳定的供给预期,减少土地供给的短期行为是政策需要考虑的重点。一方面,政府土地供给规模和结构应有长期规划,减少土地供给对市场价格的依赖。当前,地方政府土地供给受市场价格影响大,即房地产市场形势好、价格高,增加土地供给;反之减少供给。这种与市场同步的供应节奏,会进一步加剧市场的波动。另一方面,降低政府对土地收益的依赖程度,明确政府土地供应的目标。地方政府是以追求土地利益最大化为目标,还是以保证居民居住权,减少市场波动为目标,目标不同,会导致行为不同。目前来看,地方政府土地供给行为符合追求利益最大化的目标,而非稳定市场的目标。

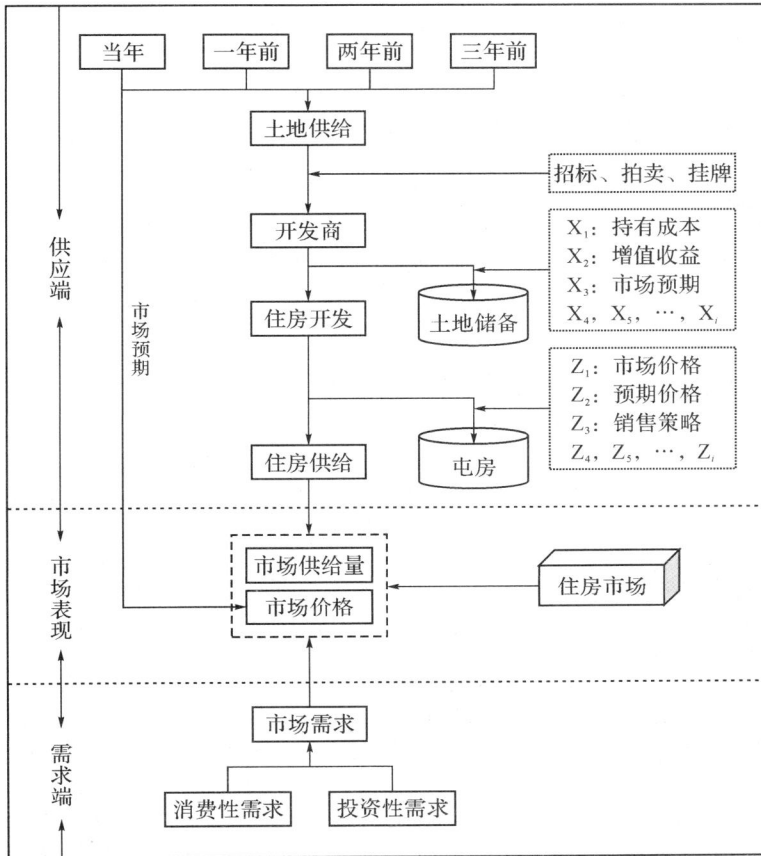

图 5-1　土地供给对住房市场影响的路径总结

第6章 土地出让价格信号引起的房价变化时空扩散研究

6.1 引言

　　自1998年取消福利分房以来,中国房地产市场快速发展。2003年以来,房价持续快速上涨,引起了社会各界的关注和热议。高涨的房价加重了居民的购房负担,房地产市场中的泡沫使中国经济承受了巨大的风险。已有文献认为城镇化、土地供给短缺、投机和通货膨胀等因素是导致房价高涨的主要原因。土地是房地产的主要原材料,不少学者研究了土地价格和土地供给对住房价格的影响。在地价和房价关系的判断上,主要形成了"引致需求论"、"成本驱动轮"和"互动论"等观点(Alonso,1964;Muth,1971;Witte,1975;Manning,1988;Peng and Wheaton,1994;Glaeser et al.,2005;刘琳,刘洪玉,2003;况伟大,2005;郑娟尔,吴次芳,2006;高波,毛丰付,2003)。总体来看,这些研究大多基于供需框架分析地价和房价的长期均衡关系。但现实中,外部事件可能通过改变人们的预期和行为冲击房地产市场,带来房价在短期内的剧烈变化。Chau等(2003)认为成交价格出乎意料的土地拍卖事件会为房地产市场带来新的信息,引起房价的波动。他们利用中国香港地区56个地方1995—2007年121宗土地交易数据和相关房价数据,研究发现成交价格过低的土地拍卖事件造成房价下跌。任超群等(2011)利用杭州的相关数据也得出了相似的结论。本章对上述研究进行拓展,进一步检验土地出让价格信号对房价的影响在时间和空间上的扩散效应。在数据上,用项目层面的微观数据代替区域层面数据,使得研究更加细致。在研究内容上,进一步分析土地出让价格信号引起房价波动在时间和空间上的扩散效应,揭示房价波动特征。

房价扩散研究是房价研究的一个重要分支,主要可以分为城市间房价扩散研究和城市内部房价扩散研究两大类。在城市间房价扩散研究中,不少文献认为住户迁移、对冲击调整速度不同、空间的套利行为和资产效应等因素使得对房价的冲击从某一区域扩散到整个经济体(Meen,1999),从而导致城市间房价的连锁效应。这类研究大多针对英国和美国展开。在对英国的研究中,MacDonald 和 Taylor(1993)、Alexander 和 Barrow(1994)、Munro 和 Tu(1996)、Cook(2005)的研究表明城市间的住房价格存在连锁效应。然而,在主导城市的判断上,学者们持不同的意见。Giussani 和 Hadjimatheou (1997)、Holly 等(2011)认为伦敦是英国房价变化的主导城市,它的房价波动在时间和空间上蔓延到其他区域。但是,Alexander 和 Barrow(1994)认为英国的东南地区是房价波动的基地,英国房价从东南部向北部扩散。在对美国的研究中,Tirtiroglu(1992)与 Clapp 和 Tirtiroglu(1994)发现住房子市场的价格会扩散到同一大都市统计区①的其他子市场,但是扩散效应只存在于相邻的市场间。基于他们的研究,Pollakowski 和 Ray(1997)将研究范围扩展至美国全国。他们发现房价的扩散效应在全国范围内很弱,但在纽约统一大都市统计区内却较为明显。在对其他地区和国家的研究中,Berg(2002)对瑞典的研究发现,斯德哥尔摩区域的房价变化领先于其他区域,房价变化具有连锁效应。

对城市内部房价扩散的研究不多。Clapp 等(1995)发现房价扩散现象仅存在于邻近地区(如在康涅狄格和旧金山地区),并不存在于相隔较远的地区之间。Dolde(1997)等用 GARCH-M 模型也得到了相同的结果。Roehner (1999)分析了巴黎城市内部不同城区房价达到顶点的先后顺序,发现房地产泡沫首先在富裕的西南部产生,然后向北部和东部扩散到房价中等的城区,最后扩散到房价最低的城区。Ho 等(2008)利用中国香港地区 1987—2004 年的数据,运用 Granger 因果检验方法检验了不同质量住房子市场间房价变化的连锁效应。结果表明,住房政策变化引起的住房价格和成交量的变化从低质量住房市场扩散到高质量住房市场。Sing 等(2006)对新加坡的研究发现,住户在公共住房市场和私人商品住房市场之间的移动使得两个子市场有共同的价格变化趋势。总体来看,上述文献研究的房价扩散并不是针对某一

---

① 大都市统计区通常包括一个较大的城市及周边与之有紧密联系的一个或几个县。

具体事件冲击造成的扩散,而是普遍意义上的扩散现象。本章研究城市内部房价的扩散现象。不同于以往的研究,本章将土地出让事件看作引起房价波动的外部冲击事件,研究此事件带来房价波动的时空扩散效应。

6.2　模型构建

本节假定开发商对地块的出价不受当时房价的影响,土地出让事件是独立于房价变化的外部冲击事件。利用地理信息系统相关软件,以出让地块为中心,按离地块的距离周边楼盘分成三类:A 类楼盘距离地块 1km 以内,B 类楼盘距离地块 1~2km,C 类楼盘距离地块 2~3km。分别检验土地出让价格信号对各类楼盘价格的影响,得到各类楼盘价格变化的时间先后顺序和变化程度大小,从而总结出土地出让价格信号对周边楼盘价格冲击的时空扩散规律。

为了检验土地出让价格信号对各类楼盘价格的影响,我们借鉴事件研究法的思想构建相关模型。选用事件研究法主要有两个方面的原因:一方面,事件研究法一直被用来研究特殊事件引起的价格变化,刚好符合本研究的需要(Salinger,2009)。另一方面,土地成交事件持续时间短,且可清晰定义,完全满足事件研究法对事件的基本要求。借鉴事件研究法的思想,确定事件窗口为土地出让当月到出让后第 4 个月,估计窗口为土地出让前第 1 个月到出让前第 3 个月。

假设在土地出让前后 4 个月内,市场中没有其他重要事件发生。土地出让事件发生后(t 时期),楼盘价格受经济基本面因素和土地出让价格信号的共同影响,表示为:

$$P_{ijt} = \gamma_0 + f(X_{ijt}) + \gamma_1 WI_{it} + \delta \tag{6-1}$$

式中:i 表示出让地块 i,j 表示 i 地块周边的第 j 个楼盘,下标 t 表示时间 t。P_{ijt} 是 i 地块周边第 j 个楼盘 t 时期的房价水平,X_{ijt} 是影响 i 地块周边第 j 个楼盘 t 时期的一组经济基本面因素,$f(X_{ijt})$ 是经济基本面因素 X_{ijt} 对楼盘价格的影响函数,WI_{it} 是 i 地块 t 时期的土地出让价格信号强度。

在土地出让事件发生之前[($t-1$)时期],楼盘价格仅由经济基本面因素决定,表示为:

$$P_{ij,t-1} = \gamma_2 + f(X_{ij,t-1}) + \varepsilon \tag{6-2}$$

式中：P_{ij}，$(t-1)$ 是 i 地块周边第 j 个楼盘在 $(t-1)$ 时期的价格水平。X_{ij}、$(t-1)$ 是 i 地块周边第 j 个楼盘在 $(t-1)$ 时期的一组经济基本面因素。

假设，在土地出让前后 4 个月内，经济基本面因素没有明显改变，因此得到：

$$f(X_{ijt}) = f(X_{ij,t-1}) \tag{6-3}$$

经变换后，得到如下方程：

$$P_{ijt} = \gamma_3 + \gamma_4 P_{ij,t-1} + \gamma_5 WI_{it} + \zeta \tag{6-4}$$

按照前文确定的事件窗口和估计窗口的时间范围，调整式（6-4），得到模型：

$$\log(P_{ij,t_m}) = \theta_0 + \theta_1 \log[P_{ij,t_{(-3,-1)}}] + \theta_2 WI_{it} + \mu \tag{6-5}$$

式中：下标 t_m 表示土地出让后第 m 个月，m 取 0～4 时，t_0、t_1、t_2、t_3 和 t_4 分别表示土地出让当月、土地出让后第 1 个月、出让后第 2 个月、出让后第 3 个月和出让后第 4 个月。对于 A 类、B 类和 C 类楼盘，P_{ij}，t_m 分别是 i 地块周边 1km 以内、1～2km 和 2～3km 范围内的第 j 个楼盘在土地出让后第 m 个月的价格。$t_{(-3,-1)}$ 表示土地出让前第 3 个月到土地出让前第 1 个月这段时间，P_{ij}，$t_{(-3,-1)}$ 指 i 地块周边第 j 个楼盘在土地出让前第 3 个月到土地出让前第 1 个月这段时间内的均价。

表 6-1　模型 1～模型 15 的样本类型和被解释变量

被解释变量 样本类型	出让当月 的房价 （P_0）	出让后第 1 个月的房价 （P_1）	出让后第 2 个月的房价 （P_2）	出让后第 3 个月的房价 （P_3）	出让后第 4 个月的房价 （P_4）
A 类样本	模型 1	模型 2	模型 3	模型 4	模型 5
B 类样本	模型 6	模型 7	模型 8	模型 9	模型 10
C 类样本	模型 11	模型 12	模型 13	模型 14	模型 15

为了分析土地出让价格信号影响房价的时间滞后性，以土地出让当月的房价（P_{ij}，t_0）、出让后第 1 个月的房价（P_{ij}，t_1）、出让后第 2 个月的房价（P_{ij}，t_2）、出让后第 3 个月的房价（P_{ij}，t_3）和出让后第 4 个月的房价（P_{ij}，t_4）作为被解释变量，对 A 类楼盘构建模型 1～模型 5，对 B 类楼盘构建模型 6～模型 10，对 C 类楼盘构建模型 11～模型 15。

6.3 变量测量

6.3.1 土地出让价格信号的测量

土地出让价格信号反映了开发商对未来房地产市场的信心程度,是引起房价波动的关键要素。在对开发商的访谈中发现,开发商认为地块周边的楼盘价格一定程度上反映了出让地块当时的价值,他们对地块的出价与周边住房价格的偏离程度反映了其对未来房地产市场的信心程度。因此,用出让地块的楼面地价与周边住房价格的比值来衡量土地出让价格信号强度。具体步骤如下:

第一步,计算出让地块楼面地价与周边住房价格的比值(简称为地价房价比)。公式为:

$$R_{it} = \frac{LP_{it}}{HP_{i,t_{(-2,-1)}}} \tag{6-6}$$

式中:R_{it} 是 i 地块在 t 时期(土地成交时)楼面地价与其周边住房价格的比值,LP_{it} 是 i 地块在 t 时期的楼面地价,$HP_i,t(-2,-1)$ 是 i 地块周边楼盘在 $t(-2,-1)$ 时期(土地成交前两个月)的销售均价。

选择土地成交前两个月的价格作为参照主要有两方面原因:第一,土地成交当月的房价受土地出让价格信号的影响,不能作为参照。第二,楼盘价格有较大的波动性,土地出让前两个月的均价比出让前一个月的价格更能准确反映楼盘的价格水平。当某楼盘周边 3km 范围内在一个月内有 $n(n>1)$ 宗土地成交时,认为这个楼盘价格的变化是由 n 宗地块共同引起的,而并不是由某个单一地块决定的。将 n 宗地块的地价房价比按土地成交总价(TP)进行加权,得到 n 宗地块在时间 t 的加权地价房价比(R_t),公式为:

$$R_t = \frac{\sum_{i=1}^{n}(R_{it} \times TP_{it})}{\sum_{i=1}^{n} TP_{it}} \tag{6-7}$$

第二步,区分正向土地出让价格信号和负向土地出让价格信号。以往研究表明正向信号与负向信号对市场的影响存在差异,因此将土地出让价格信号分为正向和负向两种。综合考虑统计原理和样本的分布特征,采用四分位

数来区分正向信号和负向信号。如果地块 i 的地价房价比大于所有地价房价
比的上四分位,认为 i 地块有正向土地出让价格信号,正向土地出让价格信号
虚拟变量(I^+)等于 1,否则等于 0。如果地块 i 的地价房价比小于所有地价房
价比的下四分位,认为 i 地块有负向土地出让价格信号,负向土地出让价格信
号虚拟变量(I^-)等于 1,否则等于 0。用公式表示为:

$$如果 R_i \geqslant R_{Q3}, I^+ = 1, 否则, I^+ = 0 \tag{6-8a}$$

$$如果 R_i \leqslant R_{Q1}, I^- = 1, 否则, I^- = 0 \tag{6-8b}$$

式中:R_{Q3} 为所有地块地价房价比的上四分位,R_{Q1} 为所有地块地价房价比的
下四分位。

第三步,衡量正向土地出让价格信号强度和负向土地出让价格信号强
度。一般地,土地出让价格信号对房价的影响与信号的强度有关,信号越强,
其带来的影响越大。用 i 地块地价房价比与所有地块地价房价比中位数的偏
离程度来衡量 i 地块的信号强度,偏离越大,信号越强。用公式表示为:

$$WI_{it}^+ = I_{it}^+ \times | R_{it} - R_{Q2} | \tag{6-9a}$$

$$WI_{it}^- = I_{it}^- \times | R_{it} - R_{Q2} | \tag{6-9b}$$

式中:WI_{it}^+ 是 i 地块在 t 时期的正向土地出让价格信号强度,WI_{it}^- 是 i 地块
在 t 时期的负向土地出让价格信号强度,R_{Q2} 为所有地块地价房价比的中
位数。

6.3.2　房价的测量

本小节从楼盘层面展开研究。房价指新建商品住宅楼盘所有住房单元
销售价格的均值。选用楼盘层面展开研究主要有两个原因:第一,根据模型
的要求,住房样本(如同一套住房单元或者同一个楼盘)要在土地出让前 3 个
月和出让后 4 个月的每月都有成交记录和成交价格。在短期内被如此频繁交
易的住房单元样本极少,因此不满足研究的需要。楼盘包含多套住房单元,
只要至少一套住房单元被交易,那么通过计算交易住房单元的均价即可得到
楼盘的交易价格,使得楼盘样本在土地出让前 3 个月和出让后的 4 个月内每
月都有价格数据,从而满足研究要求。第二,用楼盘内所有住房单元价格的
均值来表示楼盘价格是合理的,这主要是因为同一楼盘内的住房单元质量差
异较小,将其视为同质进行统计是合理的。楼盘价格的计算公式如下:

$$P_{jt} = \sum_{k=1}^{K} P_{kjt} / K, (K > 0) \tag{6-10}$$

式中:P_{jt}是楼盘 j 在 t 时期的价格,P_{kjt}是楼盘 j 在 t 时期销售的第 k 套住房单元的单位价格,K 是楼盘 j 在 t 时期销售的住房单元总套数。

6.4 数据整理

6.4.1 数据来源

本小节的土地数据为 2006 年 1 月—2010 年 3 月杭州主城区 177 宗住宅用地成交数据,来自杭州市国土资源局和住在杭州网。住房数据为在此期间杭州主城区 251 个新建商品住宅楼盘(不包含排屋、别墅、经济适用房)的交易数据,来自透明售房网。对数据与其他来源的数据和资料进行核对和删选,并对有疑义的数据进行实地考察,保证了数据的可靠性。样本选择主要分两步。

第一步,以浙江省第一测绘院 2004 年编制的杭州绕城公路详图为底图,根据土地和楼盘样本的坐落位置,在杭州主城区底图上标出其位置,并输入地块和楼盘的属性特征信息,将属性特征与空间数据相联系,构建土地和楼盘样本的空间数据库。总体来看,样本在各个主城区中的分布较为均匀。但受现实条件所限,样本的选取无法做到完全随机性,这是本研究的局限性之一。

第二步,以出让地块为中心,分别以 1km、2km 和 3km 为半径画圆,将地块与距离其 1km 以内的所有在售楼盘一一配对组成 A 类样本,与距离其 1~2km 的所有在售楼盘一一配对组成 B 类样本,与距离其 2~3km 的所有在售楼盘一一配对组成 C 类样本。按此方法分别对 177 宗地块进行操作后,统计所有 A 类、B 类和 C 类的样本,共得到 A 类样本 25 个、B 类样本 46 个、C 类样本 91 个,组成总样本 162 个。

配对需要满足两个条件:第一,在时间范围上,新建商品住宅楼盘在土地出让前后 4 个月内必须有销售价格数据;第二,在空间范围上,新建商品住宅楼盘距离出让地块的距离在一定范围以内。另外,配对有两个原则:第一,如果 i 地块出让时周边有 N 个在售楼盘,则认为 N 个楼盘都受到了 i 地块的影响,N 个楼盘与 i 地块分别组成 N 个样本;第二,如果 j 楼盘周边有 M 个地块在某同一个月成交,则认为 j 楼盘受 M 个地块的综合影响,j 楼盘与 M 个地块的综合事件组成一个样本。

6.4.2　变量描述

1.地价信号描述

首先,计算 162 个样本的地价房价比值,得到地价房价比的频次分布,见表 6-2。接着,分别根据式(6-8a)和式(6-8b)定义正向土地出让价格信号和负向土地出让价格信号。将 162 个样本的地价房价比与所有样本地价房价比的上四分位($R_{Q3}=0.927$)和下四分位($R_{Q1}=0.453$)进行对比,发现 A 类样本中,4 个样本的地价房价比小于下四分位,具有负向土地出让价格信号;3 个样本的地价房价比大于上四分位,具有正向土地出让价格信号;剩下的 18 个样本没有信号。在 B 类样本中,12 个样本的地价房价比小于下四分位,具有负向土地出让价格信号;10 个样本的地价房价比大于上四分位,具有正向土地出让价格信号;剩下的 24 个样本没有信号。在 C 类样本中,20 个样本的地价房价比小于下四分位,具有负向土地出让价格信号;21 个样本的地价房价比大于上四分位,具有正向土地出让价格信号;剩下的 50 个样本没有信号,见表 6-3。

表 6-2　所有样本地价房价比的分布情况

累计百分比（%）	0	20	25	30	40	50	60	70	75	80	100
地价房价比	0.244	0.421	0.453	0.491	0.558	0.642	0.730	0.841	0.927	1.082	5.900

表 6-3　各类样本的各类信号分布情况

信号	土地溢价率水平范围	A 类样本数	B 类样本数	C 类样本数	总计
正向土地出让价格信号(I^+)	$\geqslant R_{Q3}/(\geqslant 0.9269)$	3	10	21	34
负向土地出让价格信号(I^-)	$\leqslant R_{Q1}/(\leqslant 0.4525)$	4	12	20	36
无信号	$R_{Q1}\sim R_{Q3}/(0.4525\sim 0.9269)$	18	24	50	92
总计	$0.244\sim 5.9$	25	46	91	162

最后,分别按照式(6-9a)和式(6-9b)计算得到正向土地出让价格信号强度和负向土地出让价格信号强度,变量的描述性统计见表6-4。在各类样本中,A类样本信号强度最弱。与负向土地出让价格信号相比,正向土地出让价格信号强度更大。

表6-4　各类样本土地出让价格信号强度变量的描述性统计

	变量名称	观测值	最小值	最大值	平均值	标准差
A类样本	负向土地出让价格信号强度	25	0.00	0.22	0.03	0.06
	正向土地出让价格信号强度	25	0.00	0.48	0.05	0.14
B类样本	负向土地出让价格信号强度	46	0.00	0.22	0.04	0.07
	正向土地出让价格信号强度	46	0.00	2.80	0.17	0.52
C类样本	负向土地出让价格信号强度	91	0.00	0.26	0.03	0.06
	正向土地出让价格信号强度	91	0.00	2.96	0.15	0.41

2. 楼盘价格的描述

对比土地出让前后的房价发现,具有负向信号的土地出让事件发生后,周边楼盘价格有明显的下降趋势。其中,离地块最近的 A 类楼盘价格下跌最快,B 类次之,C 类最慢。从图 6-1(a)看出,A 类楼盘的价格在土地出让当月大幅下降,从出让前的 10161 元/平方米下降到 9552 元/平方米。B 类楼盘的价格在土地出让后一个月明显下降,从 9578 元/平方米下降到 8878 元/平方米,降低了 700 元/平方米,而出让当月价格仅下跌了 87 元/平方米。C 类楼盘的价格在土地出让后第 2 个月才明显下滑,从 17436 元/平方米下降到 16472 元/平方米,降低了 964 元/平方米;在出让当月不降反涨,在出让后第 1 个月价格仅下跌 236 元/平方米。另外,具有正向信号的土地出让事件发生后,周边楼盘价格虽有上涨趋势,但并不明显[见图 6-1(b)]。

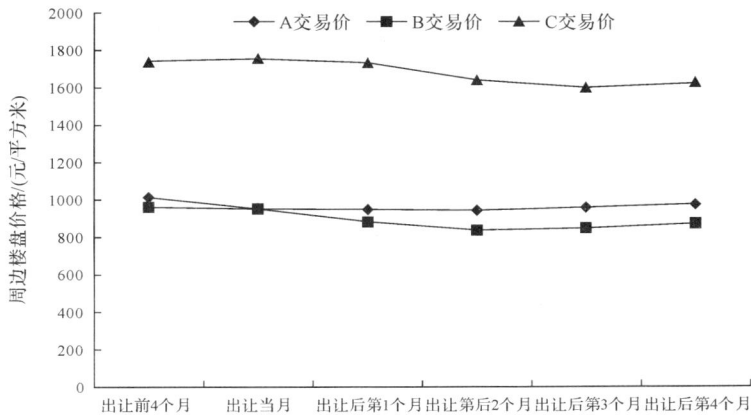

(a)负向信号发生的情况

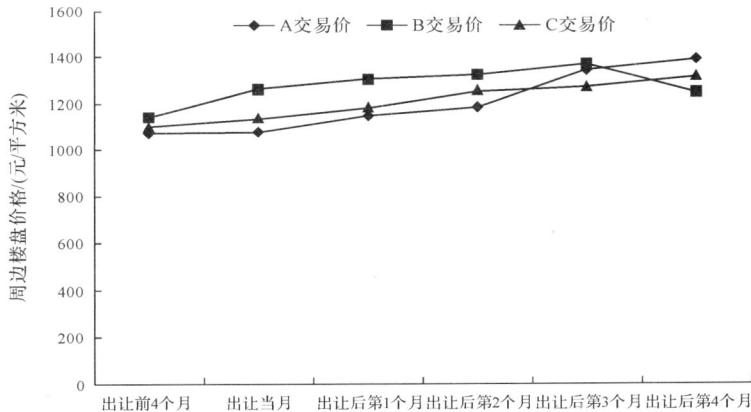

(b)正向信号发生的情况

图 6-1　土地出让前后周边楼盘的价格变化情况

6.5　实证分析

对数据进行多重共线性和异方差检验。发现 A 类、B 类和 C 类样本中，各解释变量之间的相关性不高，不存在多重共线性问题。怀特异方差检验表明每个模型均不存在异方差。运用 SPSS 软件对模型 1～模型 15 分别进行 OLS 回归，结果见表 6-5。第 2 行至第 8 行展示了 A 类样本的回归结果，第 10 行至第 16 行展示了 B 类样本的回归结果，第 18 行至第 24 行展示了 C 类

表 6-5　模型 1～模型 15 的回归结果

A 类样本	模型 1	模型 2	模型 3	模型 4	模型 5
变量	P_0	P_1	P_2	P_3	P_4
常数	0.0249 (0.9418)	0.4302 (0.1812)	−0.1297 (0.8008)	0.3297 (0.6317)	0.6781 (0.3531)
$P_{(-3,-1)}$	1.0028*** (0.0000)	0.9070*** (0.0000)	1.0466*** (0.0000)	0.9449*** (0.0000)	0.8629*** (0.0001)
WI^-	−0.8543** (0.0273)	−0.7561*** (0.0028)	−0.5279* (0.0519)	−0.5277* (0.0341)	−0.4063** (0.0265)
WI^+	−0.0150 (0.8579)	−0.0417 (0.5752)	0.0270 (0.8238)	−0.0629 (0.7020)	/
R^2	0.8935	0.8771	0.7868	0.6961	0.6402
D.W. 值	1.2845	1.7430	2.0536	1.8984	2.0517
B 类样本	模型 6	模型 7	模型 8	模型 9	模型 10
变量	P_0	P_1	P_2	P_3	P_4
常数	0.0347 (0.8625)	0.3769 (0.1095)	0.2678 (0.3467)	0.3516 (0.3005)	0.6417* (0.0960)
$P_{(-3,-1)}$	0.9992*** (0.0000)	0.9193*** (0.0000)	0.9484*** (0.0000)	0.9319*** (0.0000)	0.8554*** (0.0000)
WI^-	−0.1800 (0.2266)	−0.4580*** (0.0094)	−0.4024* (0.0714)	−0.3382* (0.0976)	−0.2069* (0.0949)
WI^+	0.0112 (0.6963)	−0.0232 (0.3301)	−0.0386 (0.1859)	0.0064 (0.8509)	−0.0205 (0.5818)
R^2	0.9216	0.8963	0.8726	0.8299	0.7876
D.W. 值	2.0911	2.3295	2.3224	2.6615	2.3176
C 类样本	模型 11	模型 12	模型 13	模型 14	模型 15
变量	P_0	P_1	P_2	P_3	P_4
常数	0.3003 (0.2000)	0.3591 (0.1266)	0.5743** (0.0198)	0.4845 (0.1087)	0.4559 (0.1071)
$P_{(-3,-1)}$	0.9304*** (0.0000)	0.9187*** (0.0000)	0.8705*** (0.0000)	0.8961*** (0.0000)	0.9088*** (0.0000)
WI^-	−0.0541 (0.6833)	0.0034 (0.9794)	−0.3214* (0.0922)	−0.2959* (0.0949)	−0.2117** (0.0399)
WI^+	−0.0296 (0.2004)	−0.0208 (0.3643)	−0.0197 (0.5445)	−0.0181 (0.5309)	−0.0320 (0.2099)
R^2	0.8154	0.8040	0.7648	0.7261	0.7891
D.W. 值	1.9008	1.9363	2.1936	2.1711	1.9322

注：括号内为 P 值；*、** 和 *** 分别表示 10%、5% 和 1% 显著性水平；正向信号是正向土地出让价格信号的简称，负向信号是负向土地出让价格信号的简称；模型 5 的正向土地出让价格信号样本数过少，导致回归系数缺失。

样本的回归结果。第 2 列至第 6 列分别展示了土地出让价格信号对土地出让当月的房价、出让后第 1 个月房价、出让后第 2 个月房价、出让后第 3 个月房价和出让后第 4 个月房价的影响。模型 1～模型 15 的可决系数（R^2）均大于0.5，拟合效果总体较好。其中，模型 6 的 R^2 最大，达到 0.9216；模型 5 的 R^2最小，为 0.6402。从回归系数及其 P 值得出以下几点结论：

第一，土地出让价格信号对房价的影响具有"不对称性"：负向土地出让价格信号导致房价下跌，正向土地出让价格信号对房价的影响不显著。这与Chau 等（2010）对中国香港地区的检验结果是一致的，主要有四个原因：首先，市场投资者厌恶风险的心理使得他们对负向信号过于敏感，从而反应过度。其次，市场投资者认为地价高有可能是因为开发商遭受了"赢者的诅咒"或者故意抬价以制造正向的市场反应，因此对高地价反应不足。再次，开发商对信号的反应速度快于市场参与者，负向土地出让价格信号发生时，开发商心理价格立即降低，导致住房较快地在较低的水平上成交。但是，正向土地出让价格信号产生时，市场参与者在短期内无法接受开发商重新设定的高价格，从而导致房价在短期内没有明显上涨。最后，高价地拍出后，开发商往往推迟或者暂停销售，从而导致房价的变化在短期内无法显现。

第二，在扩散模式上，土地出让价格信号引起房价变化扩散具有"波纹效应"。土地出让后，信号首先引起了地块周边楼盘的价格变化，然后往周边楼盘扩散。从表 6-5 中看出，在土地出让当月，距地块最近的 A 类样本的房价受信号冲击发生波动。此时，稍微远离地块的 B 类和 C 类样本的房价没有显著变化。一个月后，信号往外扩散至距离地块 1～2km 的 B 类样本，造成了房价的变化。此时信号对 C 类样本的影响仍不显著。两个月后，信号最后传递到距离地块 2～3km 的 C 类样本中，引起其房价的波动。这增加了文献对住房市场有效性讨论的证据，本部分的实证结果说明住房市场对信息的吸收和反应具有滞后性。住房市场不能快速有效地吸收新的信息，并将其反映到市场价格中，因此住房市场并非是完全有效市场。

第三，在扩散特性上，土地出让价格信号引起房价波动扩散具有"持续性"。这表现在两个方面：一方面，在时间维度上，土地出让价格信号对房价的影响持续至土地出让 4 个月以后；另一方面，在空间维度上，土地出让价格信号对房价的冲击作用传导至离地块 3km 以外。时间上的持续性说明住房市场吸收信息速度较慢，全部完成信息吸收，并做出价格调整，需要近 4 个月的时间。

　　第四,在影响强度上,土地出让价格信号对房价的影响强度具有"渐弱性"。土地出让价格信号对房价的影响强度随着时间的推移和空间的延伸变得越来越小。图6-2(a)展示了土地出让价格信号对房价的影响随时间推移而减弱。如对 A 类样本,土地出让价格信号对房价的影响在土地出让当月最强,其系数绝对值为 0.8543,在随后的几个月内逐渐变弱,到出让后第 4 个月系数绝对值减小到 0.4063。同样地,土地出让价格信号对 B 类和 C 类样本的影响也随时间推移逐渐变弱。图 6-2(b)展示了空间维度上的渐弱性。在同一时间上,信号对距离越近的楼盘价格影响越强,对距离越远的楼盘价格影

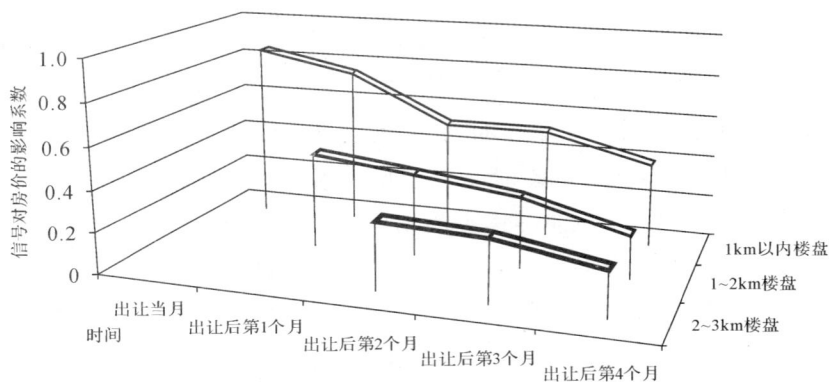

(a)时间上的"渐弱性"

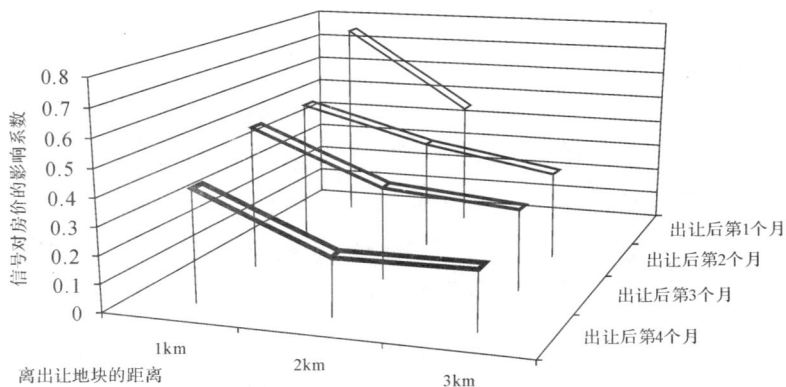

(b)空间上的"渐弱性"

图 6-2　土地出让价格信号对房价的影响在时间和空间上的"渐弱性"

响越弱。例如,土地出让后第 1 个月,信号对 1km 以内楼盘价格的影响系数绝对值为 0.7561,大于其对 1～2km 楼盘价格的影响系数绝对值(0.458)。同样地,在土地出让后第 2 个月、第 3 个月和第 4 个月,信号对近距离楼盘的影响基本上大于对远距离楼盘的影响。已有文献表明房价的变化可能存在正向的自我强化效应,对房价的乐观预期推动房价上涨,而上涨的趋势则进一步强化对于房价的乐观预期,从而导致房价进一步继续上涨。本部分的实证结果表明负向土地出让价格信号并没有引起房价的负向自我强化。负向土地出让价格信号传递了负向的市场预期信息,引起房价下跌,但是,房价下跌没有强化负向信号的作用,从而使得信号对房价的影响作用更大;相反,信号随着时间的推进,对价格的影响作用不断减弱。

6.6　结论与启示

已有研究表明地价与房价存在紧密联系,本章将土地出让事件看作外部冲击事件,检验此冲击引起的城市内部房价变化在时间和空间上的扩散效应。利用 2006 年 1 月—2010 年 3 月 177 宗住宅用地成交数据和 251 个楼盘的交易数据,借助地理信息系统相关软件,研究发现:第一,土地出让价格信号引起周边楼盘价格的波动;第二,土地出让价格信号引起的房价变化以地块为中心往外扩散至 3km 以外;第三,在扩散过程中,土地出让价格信号对房价的影响逐渐减弱。当然,基于杭州数据得出的结论对其他城市的适用性有待进一步的研究。

研究结果表明地价不仅能转化为成本影响房价,而且还能通过信号传递在短期内冲击房价。相比前者,地价信号对房价的冲击范围更广、速度更快,值得注意。在影响范围上,伴随信号的扩散,地价不仅影响本地块承载的住房的价格,而且影响地块周边住房的价格。在影响速度上,信号传递更加迅速,对周边住房价格的冲击作用在土地出让当月就发生,无须等到地价转化为其所承载住房的成本。

根据研究结论,对地价和房价的相关政策提两方面的建议:一方面,完善土地供应机制,防止地价波动过大,从源头上预防减少地价对房价的冲击。首先,合理把握供地时机,在市场高涨期减少供地或出让偏远地区的地块以免产生地价过高的现象,在市场平稳期加快供地或出让市中心地块防止地价过低。其次,变"价高者得"为"综合最优者得",综合考虑开发商资质和项目设计方案等因素,避免过度竞价。另一方面,严格住房销售监管,最大限度地控制房价波动的蔓延。高价地拍出后,开发商往往推迟或者暂停楼盘的销售,选择合适的时机再提价销售,或者通过其他方式哄抬价格,导致房价波动。对此,政府应严格监管开发商的开盘和定价行为,稳定房地产市场。

第7章 土地出让价格信号在资本市场的传递效应分析

7.1 引言

2002 年全国推行经营性土地"招拍挂"出让制度以来,公开竞价已成为房地产企业获取土地资源的主要方式,"价高者得"的竞价规则迅速提升了城市地价,北京、上海、广州、深圳、杭州、南京等城市高地价频现,成为引领城市开发与房地产市场走势的重要信号,"地王"更是社会关注、议论甚至抨击的对象。政府高度关注高地价及其影响,不断强化对于土地市场的政策管控[①]。然而,成功竞得土地的企业是不是就意味着高利润与好绩效? 中国城市土地市场是否存在由于过度竞争而导致的"赢者诅咒[②]"? 土地市场与证券市场之间是否存在价格信号的传递效应? 改革开放以来,中国以土地经营为核心的快速城镇化发展模式已经走到了历史关口,改革土地储备制度与招拍挂出让方式的呼声日益高涨,明确土地市场上价格信号的发现过程,量化价格信号的传递效应,是推动土地储备制度与土地出让制度改革的前提条件。

在地价信号的影响的研究中,地价信号对房地产市场、资本市场的短期

---

① 国土资源部《关于切实做好 2011 年城市住房用地管理和调控重点工作的通知(国土资发〔2011〕2 号)》,明确要求防范高价地现象向二、三线城市转移,对招拍挂出让中出现溢价率超过 50%、成交总价或单价创历史新高的地块,市县按要求及时上报。《关于做好 2012 年房地产用地管理和调控重点工作的通知(土资发〔2012〕26 号)》要求除招拍挂出让中溢价率超过 50%、成交总价或单价创历史新高的房地产用地外,流标、流拍的也要求上报,防止土地流拍造成房地产市场波动。

② 同上。土地市场上的"赢者诅咒"现象是指在土地出让过程中,企业为获得土地使用权,采用侵略性的竞价行为,对土地价值估计过高,支付超过其价值的价格,而项目开发后的收益低于正常收益甚至为亏损,给企业造成损失。

波动的影响已经成为房价研究的重点之一,但总体上尚处于起步阶段,其不足体现在两个方面:首先,地价信号强度的测量还缺乏成熟的方法。土地出让价格信号反映了开发商对未来房地产市场的预期和信心,测量的思路是将土地的成交价格与合理价值进行比较。然而,寻找土地的合理价格是非常困难的。无论是采用专家评估的合理价值还是政府确定的合理价值,说服力都不强。如何确定具体地块不同时间段、外部动态变化的合理价值,还存在争议。其次,地价信号在土地市场与资本市场之间的传递过程的证据比较缺乏。实体土地市场与证券化房地产市场之间的信号传递,土地市场与证券市场之间的信号传递的研究相对较少。

为探索上述土地市场与证券市场之间的信号传递过程,本章以房地产上市公司的 205 宗土地购置事件为样本,从价格发现的视角探索"购地事件"中价格信号的传递效应。本章第二部分构建土地市场上"事件窗口"分析模型,设计地价信号的测量方法,提出土地购置事件对企业股票收益率的影响理论模型;第三部分对样本数据进行整理,进行描述性统计分析与实证分析;第四部分是研究结论与讨论。

7.2　设计与理论模型

Fama 等人(1969)提出事件研究法,早期应用于评估股票市场上突发事件对于股价的影响。此后,事件研究法逐步被用于宏观经济、会计和金融领域,测量特殊事件对于市场价格的冲击效应(Brown and Warner,1980,1985;Malatesta,1986;Fama,1991)。近年来事件研究法的思路被应用于外部事件对于房地产市场的影响。在有效市场的假设下,市场价格对于新信息能够非常迅速地进行调整,国外学者关注的外部事件包括自然灾害和环境污染等,也有学者开始关注政治的不稳定性、金融危机和地方病对于房地产价格的影响(Gamble and Downing,1982;Holway and Burby,1990;Murdoch et al.,1993;Reichert,1997;Eves,2002;Bible et al.,2002)。研究结果表明负外部事件(如自然灾害或污染事件)对房地产价格有长期的负面影响(Chau,1997;Chau et al.,2001)。土地出让是城市房地产市场上的重大事件,是土地市场上信号产生的方式,可以利用事件分析方法研究土地购置事件的影响。

价格信号是企业购置土地事件中引起绩效变化的关键要素,如何正确定义和测量土地出让价格信号是研究设计的重点。土地出让价格信号反映了开发商对未来房地产市场的信心和收益预期,测量的主要思路是将土地的成交价格与合理的土地价值进行比较。如果土地成交价格明显高于合理价格,则认为有正向土地出让价格信号;如果土地出让价格明显低于合理价格,则认为有负向土地出让价格信号。由于中国城市缺少大规模的专家估值数据,所以本章使用第二种方法,参照政府对地块的估价,用土地成交总价偏离起始价的程度来定义土地出让价格信号。参照 Chau 等(2010)、任超群等(2011;2013)的做法,定义土地出让价格溢价率为:

$$UAO_{it} = \ln(\frac{P_{it}}{BP_{it}}) \tag{7-1}$$

式中:UAO_{it} 是在 t 时期成交的地块的土地出让价格溢价率,P_{it} 是在 t 时期成交的地块的成交总价,BP_{it} 是在 t 时期成交的 i 地块的起始价。

此外,本章需要观察土地购置事件窗口期公司股票收益的变动情况,所有的样本经历了相同的事件窗口,样本存在聚类性。事件基准日(t 日)是指政府发布土地出让公告,按公告规定的期限公开出让土地,接受竞买人公开竞价。土地出让结果于 10 个工作日内在土地有形市场或者指定的场所、媒介公布。由于出让土地的总成交价,竞得人等成交信息直到土地出让成交日时才能完全确定,本章选取土地出让成交日为事件基准日,观察 8 个窗口购地公司的股票价格变化,测量各窗口股票收益率的波动。

中国证券市场及政府公布信息的特征是在正式公告之前,就已经传递出去。考虑到此种信息传播模式,本章选择了事件前和事件后两个观察期,选择事件前、后各 20 个交易日来作为事件观察期,共 41 个交易日,衡量土地获取信息公布对股价的影响。通过以交易日(=0)为原点,设置 8 个窗口期,分别是[−20,0]、[−10,0]、[−5,0]、[−1,0]、[0,1]、[0,5]、[0,10]和[0,20],如图 7-1 所示。

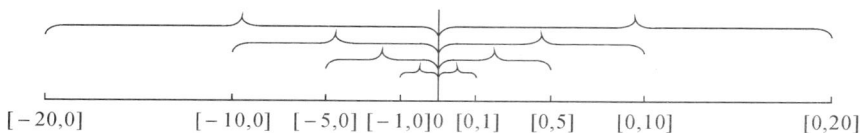

图 7-1 购地事件对企业股票收益率影响的估计窗口

采用市场模型来计算异常收益率,通过获取购地事件前一年(250 个交易

日)的数据来估计模型中的各项参数,即以事件基准日前 270 个交易日至事件基准日为估计期,函数形式为:

$$R_{it} = \lambda_0 + \lambda_1 R_{iy} + \varepsilon_{it} \tag{7-2}$$

式中:R_{it} 和 R_{iy} 分别表示房地产上市公司 i 股票在时间点 t 的收益率和该公司第 y 年年均股票收益率和,λ_0 和 λ_1 都是市场模型的参数,ε_{it} 是扰动项。

其中,R_{it} 和 R_{iy} 分别由式(7-3)和式(7-4)计算所得。

$$R_{iy} = \frac{p_{iy} - p_{i(y-1)}}{p_{i(y-1)}} \tag{7-3}$$

$$R_{it} = \frac{p_{it} - p_{i(t=0)}}{p_i} (t = 0) \tag{7-4}$$

式中:R_{iy} 和 $R_{i(y-1)}$ 分别是对应的上市公司 i 第 y 年年末和第 $y-1$ 年年末的收盘价,p_{it} 和 $p_{i(t=0)}$ 分别是上市公司 i 在第 t 日和第 $t=0$ 日的股票收盘价,窗口设立分析模型评估购地事件对股价波动影响的方向与程度。

$$R_{it} = \delta_0 + \delta_1 R_{iy} + \delta_2 UAO_{it} + \delta_3 LU_{inc} + \delta_4 LU_{inr} + \delta_5 INR_y + \delta_6 RECI_m$$
$$+ \mu \tag{7-5}$$

式中:R_{it} 表示不同观察窗口的企业股票的收益率;R_{iy} 表示该公司股票的平均收益率,衡量在没有外部事件冲击下的股票正常收益率。在理论模型中,我们用两个维度的变量来测量购地事件的影响:一是 UAO_{it} 所表示的竞得地块的溢价率,反映地价信号的方向与强弱;二是土地的用途,通过设置 LU_{inc} 商业用地哑变量(LU_{inr} 为居住用地哑变量)来衡量三类用途(商业、居住和综合)是否会影响到股票收益率。此外,为考虑其他因素对股票收益率的影响,通过对影响股票收益波动的多因素的筛选,将利率和全国房地产景气指数纳入利率模型,观察其影响。其中,INR_y 表示存款利率,$RECI_m$ 表示全国房地产景气指数,采用其变化的对数形式进入模型。

7.3　数据整理与实证分析

研究选取北京、广州、深圳、南京、武汉、苏州、无锡、东莞、徐州、杭州、宁波、温州、绍兴、台州、金华、嘉兴、湖州、丽水、衢州、舟山,共 20 城市土地出让数据,筛选房地产上市公司的购置土地样本,时间跨度为 2003 年 1 月 1 日至 2013 年 3 月 31 日。对应公司股价数据的时间跨度为 2002 年 1 月 1 日至 2013 年 4 月 30 日,土地出让样本数据主要集中在 2005 年至 2013 年,土地用途控制为居住、商业和综合用地,数据分析采用 Spss17.0 和 Eviews6.0 软件进行处理,共获得 205 个有效的土地样本。

利用式(7-1)计算每宗土地的溢价率。在 205 宗土地中,仅 1 宗土地以略低于起始价成交,溢价率为 -0.13,剩余土地的成交价均高于或等于起始价。溢价率在 $(-0.13,0]$ 区间的样本数有 54 个,占到样本数量的 26.3%,集中分布在零轴上;溢价率在 $(0,1]$ 区间的样本数量有 136 个,占到了全部样本66.3%;溢价率高于 1 的样本有 14 个,占总样本的 6.8%。在样本中,溢价率最高的达到 2.30。

按照 Chau 等人(2010)的标准,溢价率超过 15% 为超预期价格信号,从图7-2 中可以看出大部分样本出让价格都会产生超预期的信号。这表明,在中国快速城镇化与房地产业快速发展的背景下,房地产企业的竞拍行为要更有侵略性才能获得土地,土地溢价率处于较高水平。溢价率越高表明信号的强度越强,观察到其传递效应的可能性越大。

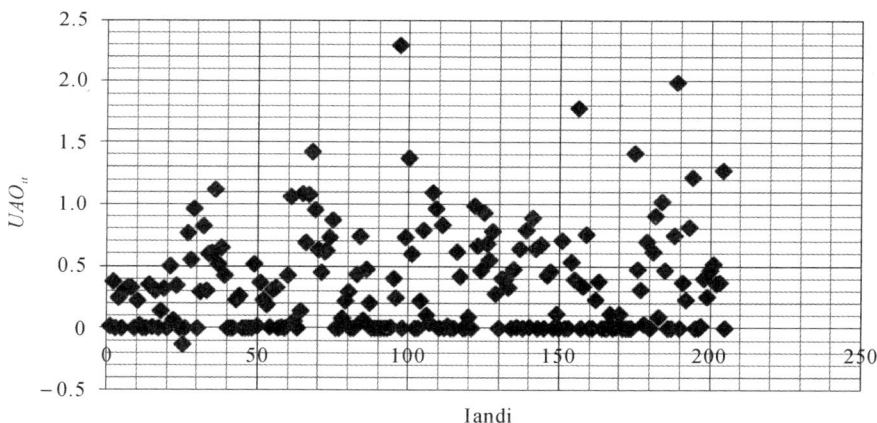

图 7-2　土地溢价率(UAO_{it})分布示意图

围绕 205 宗土地数据,每个购地事件设置 8 个观察窗口,$[-20,0]$、$[-10,0]$、$[-5,0]$、$[-1,0]$、$[0,1]$、$[0,5]$、$[0,10]$ 和 $[0,20]$,进一步测量公司年度平均收益率和窗口期的收益率。同时,收集整理了土地用途、贷款利率、全国房地产景气指数的数据,控制其对观察窗口内股票收益率的影响,各变量的描述性统计见表 7-1。

为观察地价信号对公司股价收益率的影响,实证分析过程中进一步将8 个窗口区分为前向窗口和后向窗口。前向窗口是购地事件前股票收益率的

表 7-1　变量的描述性统计

变量	N	全距	极小值	极大值	均值		标准差	方差
	统计量	统计量	统计量	统计量	统计量	标准误	统计量	统计量
R_{i-20}	205	1.466	−0.355	1.111	−0.004	0.011	0.154	0.024
R_{i-10}	205	0.535	−0.277	0.258	−0.001	0.006	0.089	0.008
R_{i-5}	205	0.531	−0.242	0.289	−0.011	0.005	0.073	0.005
R_{i-1}	205	0.233	−0.111	0.122	−0.001	0.002	0.031	0.001
R_{i1}	205	0.202	−0.094	0.108	0.002	0.002	0.031	0.001
R_{i5}	205	0.739	−0.162	0.578	0.013	0.005	0.078	0.006
R_{i10}	205	0.973	−0.217	0.756	0.018	0.008	0.109	0.012
R_{i20}	205	1.396	−0.329	1.067	0.040	0.011	0.155	0.024
R_{iy}	205	5.722	−0.768	4.954	0.492	0.062	0.886	0.785
UAO_{it}	205	2.431	−0.133	2.298	0.342	0.029	0.411	0.169
LU_{inc}	205	1.000	0.000	1.000	0.151	0.025	0.359	0.129
LU_{inr}	205	1.000	0.000	1.000	0.693	0.032	0.463	0.214
INR_y	205	2.160	1.980	4.140	2.818	0.043	0.611	0.374
$RECI_m$	205	14.750	94.390	109.140	101.306	0.264	3.782	14.304

观察窗口，4 个前向窗口分别为 [−20,0]、[−10,0]、[−5,0]和[−1,0]，观察在公司购置事件前是否有信息反映在证券市场上（见表 7-2）；而后向窗口则是观察公司获得土地后，购地事件是否影响到公司股票的收益，4 个后向窗口分别为[0,1]、[0,5]、[0,10]和[0,20]。

通过对窗口模型公式(7-5)的参数估计，表 7-2 首先给出了前向 4 个窗口的估计结果。从模型的总体效果来看，F 检验表采用自变量与因变量之间整体上存显著的相关关系，模型的解释力在不同窗口的效果不同，[−20,0]、[−10,0]、[−5,0]和[−1,0]窗口模型调整后的 R^2 分别为 0.590、0.380、0.370 和 0.301。常数项在 4 个窗口模型中都具有显著性，而反映股票平均收益率的(R_{iy})也呈现显著性，且与窗口期收益率呈现正相关关系。这一结果显示，如果平均收益率较高，窗口股票收益率也会较高。在购地事件所蕴含的两个维度信号来看，地价信号强度(UAO_{it})在 4 个窗口的模型在 5% 显著水平下都不显著，与股票收益率呈现正相关关系；而商业用地哑变量具有一定的显

表 7-2　前向窗口模型实证结果

观测窗口 变量	$[-20,0]$	$[-10,0]$	$[-5,0]$	$[-1,0]$
Constant	-0.852^{***} (-2.697)	-0.217^{*} (-1.164)	-0.237^{*} (-1.57)	-0.054^{***} (-0.809)
R_{iy}	0.027^{**} (2.196)	0.019^{**} (2.591)	0.012^{***} (2.043)	0.004^{*} (1.577)
UAO_{it}	0.006^{*} (0.217)	0.004 (0.231)	0.018 (1.379)	0.005 (0.884)
LU_{inc}	0.026 (0.656)	-0.019^{*} (-0.807)	-0.003^{**} (-0.158)	0.001^{*} (0.095)
LU_{inr}	-0.015 (-0.505)	-0.008 (-0.446)	-0.016 (-1.132)	-0.001 (-0.14)
INR_{y}	0.021 (1.179)	-0.002 (-0.152)	0.013^{*} (1.54)	0.004 (1.11)
$RECI_{m}$	0.008^{***} (2.674)	0.002^{*} (1.324)	0.002^{*} (1.469)	0.002^{**} (0.709)
调整后的 R^2	0.590	0.380	0.370	0.301
估计标准误	0.149	0.088	0.072	0.031
F 检验	3.148	1.64	2.314	1.007

注：＊，显著性水平为 10％；＊＊，显著性水平为 5％；＊＊＊，显著性水平为 1％，括号内
为 t 统计量，表 7-3 同。

　　著性，特别是在近原点窗口，$[-10,0]$、$[-5,0]$ 和 $[-1,0]$ 在 10％ 显著水平具
有显著性，这表明在这三个窗口内，与综合用地相比，购置商业用地对股票收
益具有更显著的影响。居住用地哑变量在 4 个窗口中都不显著，与购置综合
用地没有显著性差异。在回归模型中，存款利率与国房景气指数具有不同的
影响，且没有显著性；而国房景气指数在 4 个窗口都有显著影响，与股票收益
率具有正相关关系。

　　表 7-3 进一步给出了后向 4 个窗口的估计结果。与表 7-2 相似，从模型
的总体效果显著，不同窗口解释力有差异，$[0,1]$、$[0,5]$、$[0,10]$ 和 $[0,20]$ 窗
口调整后的 R^2 分别为 0.527、0.403、0.424 和 0.309，模型的解释力要优于前
向窗口模型。常数项在 4 个窗口中，在 10％ 显著条件下都具显著性。反映股
票平均收益率的（R_{iy}）在 10％ 显著条件下具有显著性，与窗口期收益率呈现正
相关关系。地价信号强度（UAO_{it}）在 4 个窗口的模型都具有显著性（10％ 显

著水平下),4 个窗口中都呈现正相关。商业用地哑变量在 10％显著水平下具有一定的显著性,而居住用地哑变量没有观察到显著性。这一结果与前向窗口相似,表明公司购置商业用地对于股票具有显著影响。利率变量与景气指数变量具有不同的影响,利率变量显著性不强且符号不同向,而国房景气指数在 4 个窗口都有显著影响,景气指数与股票收益率具有正相关关系。

表 7-3　后向窗口模型实证结果

观测窗口 变量	[0,1]	[0,5]	[0,10]	[0,20]
Constant	0.115 * (1.776)	0.293 ** (1.798)	0.317 * (1.397)	0.495 * (1.537)
R_{iy}	0.001 * (0.417)	0.010 ** (1.563)	0.010 * (1.160)	0.020 ** (1.629)
UAO_{it}	−0.006 *** (−1.084)	0.017 ** (1.239)	0.025 * (1.302)	0.067 ** (2.462)
LU_{inc}	0.005 (0.675)	0.021 * (1.021)	0.005 ** (0.185)	0.002 * (0.041)
LU_{inr}	−0.004 (−0.627)	−0.012 (−0.761)	−0.036 (−1.692)	−0.033 (−1.105)
INR_y	−0.002 (−0.459)	0.002 * (0.233)	0.004 (0.335)	−0.012 (−0.625)
$RECI_m$	0.001 ** (1.683)	0.003 * (1.796)	0.003 *** (1.308)	0.004 ** (1.253)
调整后的 R^2	0.527	0.403	0.424	0.309
估计标准误	0.031	0.077	0.107	0.152
F 检验	1.229	2.054	1.837	2.397

　　注:＊,显著性水平为 10％;＊＊,显著性水平为 5％;＊＊＊,显著性水平为 1％,括号内为 t 统计量。

　　对比前向、后向窗口模型,可以发现后向窗口模型的总体解释力(调整后 R^2)要优于前向 4 个窗口。在前向与后向窗口模型中,地价信号强度与股票收益率都呈现正相关关系,即地价信号越强,股票收益率变动越大。值得关注的是,前向窗口模型中观察不到地价信号变量的显著性;而后向窗口中,地价信号具有显著性,地价信号的影响具有时间上的不对称性。从用途来看,商业用地哑变量在前向、后向模型中都具有显著性,这表明证券市场对于商业项目更加敏感。

7.5　结论与讨论

近年来,中国城市土地价格持续高涨,引起社会各界的关注和讨论。本章从微观层面验证土地市场与证券市场之间的价格信号传递过程,利用中国房地产上市公司在 20 个城市购置的 205 宗土地样本与相关数据,构建窗口分析模型评估地价信号对企业股票收益率的影响。通过前向与后向共 8 个窗口模型的实证分析,得到以下结论:

第一,土地市场与证券市场是高度关联的市场,两个市场之间存在信号传递过程,且短期内具有正向冲击效应。从模型结果来看,地价信号在土地出让后能够在短期内影响股票收益率,形成对股票价格的短期冲击效应。从现实来看,地价信号对于股价的抬升作用在一定程度上激励房地产企业在土地市场上做决策更具侵略性;而高溢价率与股价高收益率之间的联系,又进一步提升了投资者的投资预期。因此,房地产企业可以通过土地购置事件在短期内影响股票价格,表现为拿高价地、提升股价、增强企业知名度与影响力。

第二,土地出让价格信号对证券市场的影响具有时间上的不对称性。从前向与后向窗口模型的结果来看,地价信号对于股票收益率的影响主要发生在土地成交之后,证券市场对于土地竞拍以前的信息没有明显响应。从已有实证研究来看,这种不对称性在金融市场上普遍存在,但更多的是关注正向与负向信号影响的非对称性,例如,Tse et al. (2011) 和 Chau et al. (2010) 在中国香港的土地市场中发现负向地价信号对股票收益率有显著影响,而正向地价信号对股票收益率没有影响。笔者的研究发现证券市场对地价信号的响应更多地表现为时间上的非对称性,证券市场对于事件前的信息还没有反应。如何解释正负信号影响的非对称性以及影响在时间上的非对称性,需要更多的研究。

第三,土地市场所发现的价格信号是关联市场价格波动信号源,改变竞价人的预期是市场稳定的关键。土地、房地产和资本市场在本质上是紧密联系的,而土地市场上的信号会传递到关联市场上。房地产企业作为城市土地市场上的主要购买者,其土地购置事件蕴含丰富的信息,会影响到房地产市场与证券市场。在土地市场与证券市场之间存在价格信号的流动与传递,将改变原有的市场均衡状态,形成关联市场之间的联动效应。需要说明的是,土地市场上的房地产企业更多的是一个价格接受者,房地产开发企业支付市场预期的价格,承担后续风险,并从中获取利润。在这一过程中,房地产企业在土地市场上的行为不仅反映出其市场预期与政策预期,而且反映出企业对开发风险的承受能力。因此,改变竞价人的预期与决策行为有助于形成真实有效的地价信号,而真实有效的地价信号才能促进关联市场的稳定。

在中国城市公开竞价方式配置土地资源的过程中,获胜者必须是付出最高价格的企业或个人,每一次土地出让都将产生地价信号,超出预期的信号通过媒介传递出去。作为一个房地产企业,需要管理好土地购置后到房屋销售之间的风险,直至将产品出售给消费者。在土地市场上竞争日益激烈的时期,房地产企业需要更多地关注土地购置后的长期风险。高价拿地以后的风险集中体现为三方面:首先,房地产市场价格下降带来的项目亏损风险。当房地产市场价格下降后,企业通常需要承担由于延迟开发所带来的罚款或者低价出售后的项目亏损。其次,项目建设与运营风险产生的风险。高价地通常意味着项目开发具有更高的土地成本,企业需要有更好的专业能力才能管控建设阶段的资金风险、质量风险和销售风险。第三,政策变动的风险。房地产市场是典型的政策性市场,政策作为影响市场走向的外生事件具有重要的影响。因此,企业在购置土地之前,需要将税收政、土地与金融政策变动的风险量化进入土地价格,形成更为理性的价格信号。

第 4 篇

政府干预效果评价与政策研究

第 8 章　政府干预房地产市场的效果评价与研究

　　发展转型国家房地产市场有着极为相似的特点,城镇化带动房地产投资与资产价格的快速增长,房地产价格特别是住房价格的增长包含着经济发展带来的资产增值,也包含着过度投资所带来的价格泡沫。为防范房地产价格泡沫所策动的宏观经济波动风险,对房地产市场进行干预成为必然选择。然而,干预政策的效果与预期是否一致? 是否能够有效抑制房地产价格泡沫? 短期作用和长期效果是否一致? 对于干预政策冲击效应的量化评价有助于回答这些问题。干预政策经过较长的时间后,其冲击效应已经完全释放并可测量,本章选择我国房地产宏观调控中 2003 年、2005 年和 2006 年的三个事件,以事件研究法的思路评估这些事件对于全国和城市层面房价与交易量的短期与长期冲击效应。

8.1　干预事件的回顾与评述

8.1.1　2003 年 6 月至 8 月:"121"信贷干预事件

　　2003 年 6 月至 8 月,央行发布了两项与房地产市场有关的政策,一是2003 年 6 月 5 日,《中国人民银行关于进一步加强房地产信贷业务管理的通知》(银发〔2003〕121 号)(以下简称"121 号文件"),标志着我国房地产业政策基调由培育转为调控,也标志着政府对于房地产市场干预的开始。从短期来看,供给方信贷紧缩对住房开发企业造成了较大的信贷压力。需求方信贷管理虽然隐含了对住房需求的分类管理,但是由于缺少实施细则和统一规定,实施效果难以预测。从长期来看,"121 号文件"以后,商业银行提高了供给方信贷门槛,住房开发的资金成本提高,且产业集中度也进一步加强,这在需求不变的条件下,有可能造成房价上涨。央行主导的信贷政策表明了政府调控房价增长过快,防范房地产过度投资的意图。

8.1.2　2005年3月至5月:"国八条"干预事件

2005年3月至5月间,国务院开始对房地产市场进行第一次综合调控。系列性的政策相继出台,包括:①自2005年3月17日起,调整商业银行自营性个人商品住房贷款政策,提高商品住房抵押贷款利率下限和首付款比例,公积金贷款利率也相应提高;②3月26日,国务院办公厅转发《建设部等部门关于做好稳定住房价格的通知》;③4月27日,国务院常务会议提出"加强房地产市场引导和调控的八项措施"(简称"国八条")。"国八条"成为这次干预事件的标志性文件,提出把解决房地产投资规模和价格上升幅度过大的问题,作为当前加强宏观事件的一个突出任务,并提出了加强房地产市场引导和调控的八条措施。总的来说,国务院实施的第一次综合调控,以打击投机、引导需求、加速供给、完善制度为目标,通过连续性、组合式的政策工具,改变市场参与者对房价继续上涨的预期,试图在短期和长期内促使房价下降。

8.1.3　2006年5月至6月:"国六条"干预事件

2006年5月至6月,继2005年的第一次综合调控之后,国务院再次主导了第二次综合调控。这一阶段政府将调控的重点转移到调整住房供应结构方面,主要政策包括:①2006年5月17日,国务院常务会议提出了"促进房地产业健康发展的六条措施"(简称"国六条")。"国六条"是这次干预的标志性文件。②5月24日,国务院办公厅转发建设部等部门《关于调整住房供应结构稳定住房价格意见》的通知。这次调控的重点是调整住房结构,抑制对于住房的投资性需求,试图进一步稳定开发商、消费者与投资者多方市场参与主体对房地产市场的长期预期,抑制房地产投资与消费的过热势头。

8.2　研究思路和方法

8.2.1　事件研究法的分析思路

Fama等学者于1969年提出事件研究法,早期应用于股票市场上突发事件对于股价的影响,此后事件研究法逐步被用于宏观经济、会计和金融领域,测量特殊事件对于市场价格的冲击效应(Brown and Warner,1980,1985;Ma-la-testa,1986;Fama,1991)。近年来事件研究法的思路被应用于外部事件对于房地产市场的影响,在有效市场的假设下,市场价格对于新信息能够非常迅速地进行调整,国外学者关注的外部事件包括自然灾害和环境污染等(Eves,2002;Holway and Burby,1990;Murdoch et al.,1993;Bible et al.,2002;Gamble and Downing,1982;Reichert,1997),也有学者开始关注政治的不稳定性、金融危机和地方病对于房地产价格的影响。研究结果表明负面外部事件(如灾害或者污染)对房地产价格有长期的负面影响(Chau,1997;Chau et al.,2001)。

时间序列事件分析模型作为一种政策评价方法已被广泛应用于评估各类干预事件(包括政府政策、突发事件等)对价格等宏观经济变量的动态影响(Chau et al.,2003;2010)。事件分析模型的核心问题是选择合适的事件函数来分离干预事件对被解释变量的影响。干预事件可以用式(8-1)和式(8-2)来描述,T 表示干预事件发生的时刻,且 T 既可以是一个时间点,也可以是连续的数个时间点。

$$P_t^T = \begin{cases} 1,\text{干预事件发生时} & (t = T') \\ 0,\text{其他时间} & (t \neq T') \end{cases} \tag{8-1}$$

$$S_t^T = \begin{cases} 0,\text{干预事件发生之前} & (t < T) \\ 1,\text{干预事件发生之后} & (t \geq T) \end{cases} \tag{8-2}$$

式中:S_t^T 用于模拟持续性的事件,表示 T 时刻发生以后,一直有影响;P_t^T 用于模拟短暂性的事件,表示在某时刻发生,仅对该时刻有影响。事件分析一般分为单变量和多变量模型。单变量模型中,被解释变量只受其差分移动平均自相关过程的影响;多变量模型中,被解释变量 Y_t 则主要由 M_t 决定(He et al.,1998;Lai et al.,2006)。就建模过程而言,事件分析的传统思路是首先对出现干预事件之前的被解释变量进行建模分析,得到其在无干预、"正常条件下"的运行规律,并假定出现干预事件后,这种运行规律得以维系,由此推断出全样本范围内被解释变量 Y_t 的理论运行轨迹 Y_t^*。这一轨迹和原序列 Y_t 的差别 $z_t = (Y_t - Y_t^*)$ 被认为主要由干预事件引发,以 Z_t 为被解释变量对事件函数进行参数估计,就可确定干预事件的影响形式和冲击效果。

8.2.2 模型设定与干预事件变量形式

住房价格和交易量的影响因素很多,多变量事件分析模型用包括宏观经济基本面在内的诸多解释变量刻画房价（或交易量）均衡水平的变动规律，较为符合我国房价和交易量变动的实际情况。同时，由于我国的住房市场近年来正在经历体制转轨，各类制度变迁都在无形中改变着房价的运行规律，用干预事件前模拟得到的均衡房价运行轨迹可能并不适合事件后的情况。因此，本研究采用了全样本建模的方法。

干预事件对被解释变量的影响效果主要取决于其传递函数的系数和阶数，多数研究采用零阶传递函数形式，此时事件函数的作用效果就是典型的脉冲函数或跃迁函数（Tse and Webb，2004）。本研究根据政策工具（"121 号文件"、"国八条"和"国六条"）的理论影响效果分别选取零阶单位脉冲函数和零阶单位跃迁函数来模拟政策工具的短期和长期影响效果。

8.2.3 模型算例

首先以"121 号文件"对全国住房价格的影响为例对详细解释实证计算过程。政府出台干预事件的初衷是影响房价短期变化。因此，对其政策效果的评价也以短期住房价格的变化为代表。在模型中，因变量用房价对数差分形式[DLOG(PRICE)]表达，其运算结果见表 8-1。

表 8-1　住房价格短期模型估计结果[全国层面，因变量 DLOG(PRICE)]

变量	系数
宏观经济景气先行指数（差分四阶滞后）	0.53(2.40**)
股票价格指数（差分一阶滞后）	0.04(3.62***)
土地价格指数（差分一阶滞后）	0.35(5.81***)
住房实际价格（差分一阶滞后）	0.56(6.83**)
住房实际价格偏离均衡价格程度（一阶滞后）	0.03(0.84)
调整后的 R^2	0.67
对数似然值	136.69
AIC 统计量	−6.13

注：括号内为概率值；*，显著性水平为 10%；**，显著性水平为 5%；***，显著性水平为 1%。

在上述模型基本设定中再加入用以表征"121 号文件"短期影响和长期影响的干预事件变量，分别为零阶单位脉冲函数和零阶单位跃迁函数，利用

OLS 方法,尝试不同滞后阶数(从零阶至四阶),综合考虑变量显著性及模型整体拟合效果,最终得到"121 号文件"对住房价格影响的模型估计结果(见表 8-2)。

表 8-2 "121"干预事件对住房价格影响的模型估计结果

变量	系数
宏观经济景气先行指数(差分四阶滞后)	0.46(2.06)**
股票价格指数(差分一阶滞后)	0.37(5.42)***
土地价格指数(差分一阶滞后)	0.52(4.41)***
住房实际价格(差分一阶滞后)	0.02(0.97)
住房实际价格偏离均衡价格程度(一阶滞后)	0.04(4.21)***
零阶单位脉冲函数(一阶滞后)	0.01(1.34)
零阶单位跃迁函数(一阶滞后)	2.03E-4(0.05)
调整后的 R^2	0.72
对数似然值	137.83
AIC 统计量	−6.08

注:括号内为概率值;*,显著性水平为 10%;**,显著性水平为 5%;***,显著性水平为 1%。

加入政策事件变量之后,全国房价短期波动模型的整体拟合效果略有提升,这说明"121 号文件"确实对房价变动产生了一定程度的影响,但是其影响主要体现在短期对房价提升的作用效果上(短期正向影响),而长期对房价提升的作用效果则很不明显。

8.3 实证分析结果

8.3.1 干预事件对全国房价和交易量影响效果的实证结果

按照上述模型与计算方法,分别测算三个干预事件对全国住房价格和交易量的影响,结果见表 8-3。

表 8-3   干预事件对全国住房价格和交易量的影响

政策	对象	影响方式	定量结果		定性判断
			系数	滞后阶数	
"121 号文件"	价格	短期	0.01(1.34)	1	＋
		长期	2.03E-4(0.05)	1	＋
	交易量	短期	0.05(0.90)	2	＋
		长期	−1.9E-3(−0.08)	2	－
"国八条"	价格	短期	−1.3E-3(−0.13)	2	－
		长期	5.6E-3(1.34)	2	＋
	交易量	短期	−0.13(−2.02)＊	0	－
		长期	5.4E-3(0.30)	0	＋
"国六条"	价格	短期	−9.0E-3(−0.95)	1	－
		长期	6.4E-3(1.35)	1	＋
	交易量	短期	−0.10(−1.58)	2	－
		长期	−1.9E-3(−0.08)	2	－

注:"＋"表示正向影响,"－"表示负向影响。括号内为概率值；＊,显著性水平为10％；＊＊,显著性水平为5％；＊＊＊,显著性水平为1％。

央行主导的信贷政策产生了和理论分析一致的短期脉冲和长期跃迁效果。短期影响作用滞后一个季度体现,受此影响,全国房价在 2003 年第四季度增长 0.01％;长期影响则体现为全国房价在 2003 年第四季度之后以0.002％的速度增长。但短期和长期影响在统计上均不显著,尤其是长期影响。

国务院主导的第一次综合调控产生了和理论分析一致的短期脉冲效果及长期跃迁效果。2005 年第四季度,全国房价受政策影响下降 0.001％;而自2005 年第四季度以来,全国房价受政策影响平均每季度上涨 0.006％,但是其短期和长期跃迁效果并不具有统计显著性。同样,国务院主导的第一次综合调控对全国交易量产生了和理论分析一致的短期脉冲效果以及长期跃迁效果,政策效果在制定当期即显现。2005 年第四季度,全国交易量受政策影响下降 0.13％;而自 2005 年第二季度以来,政策在长期上的作用效果体现为对交易量的提升,全国交易量受政策影响平均每季度上涨 0.005％,但是长期跃迁效果并不具有统计显著性。

国务院主导的第二次综合调控对城市房价产生了短期负向脉冲效果和长期正向跃迁效果。具体而言,全国房价受政策影响在 2006 年第三季度期间下降 0.009%;而从 2006 年第三季度以来,全国房价出现了渐进的上涨态势,前一个季度房价增长率的 0.006% 将传导到当期的房价增长率中,但两种政策影响都不具有统计显著性。同样,国务院主导的第二次综合调控对全国交易量产生了短期负向的脉冲效果和长期负向的跃迁效果,政策效果在政策制定两个季度后产生。全国交易量受政策影响在 2006 年第四季度期间下降 0.10%;自 2006 年第四季度以来,全国交易量出现了渐进的下降态势,前一个季度交易量增长率的 −0.002% 将传导到当期的交易量增长率中,但两种政策影响都不具有统计显著性。

8.3.2 干预事件对各城市住房价格和交易量的影响的实证结果

为了考虑干预政策对于城市房地产市场的影响,利用上述模型对北京、上海、南京、杭州、广州和深圳等城市进行实证分析,量化干预政策在城市层面的冲击效应。用相同的方法进一步分析各项干预事件对各城市住房价格和交易量的影响,结果分别见表 8-4 和表 8-5。

表 8-4 干预事件对城市住房价格影响的定量结果

城市	影响方式	"121 号文件"		"国八条"		"国六条"	
		价格	滞后阶数	价格	滞后阶数	价格	滞后阶数
北京	短期	0.01 (0.71)	1	−0.02 (−0.86)	2	−0.01 (−0.62)	1
	长期	2.03E-4 (0.05)	1	0.02 (1.50)	2	−2.4E-3 (−0.13)	1
上海	短期	0.03 (1.22)	0	−3.6E-3 (−0.13)	2	−0.05 (−1.81)*	0
	长期	1.23E-3 (0.07)	2	−1.6E-3 (−0.19)	2	3.3E-3 (0.37)	0
南京	短期	0.06 (1.51)	2	−0.03 (−1.40)	2	−2.6E-3 (−0.12)	1
	长期	0.26E-3 (0.02)	2	−9.2E-3 (−0.90)	2	4.5E-3 (0.34)	1

续表

城市	影响方式	"121号文件"		"国八条"		"国六条"	
		价格	滞后阶数	价格	滞后阶数	价格	滞后阶数
杭州	短期	0.30 (1.10)	1	−0.03 (−1.83)*	1	−0.02 (−1.09)	1
	长期	0.20E-4 (0.70)	1	2.5E-3 (0.60)	1	7.3E-3 (1.30)	1
广州	短期	0.01 (0.32)	2	0.08 (1.72)*	3	−0.12 (−2.95)***	2
	长期	1.20E-4 (0.09)	2	−0.02 (−0.73)	3	0.04 (1.19)	2
深圳	短期	0.02 (0.71)	1	−0.01 (−0.36)	1	−0.02 (−0.57)	2
	长期	0.60E-4 (0.57)	1	4.0E-4 (0.04)	1	−2.1E-3 (−0.17)	2

注:括号内为概率值;*,显著性水平为10%;**,显著性水平为5%;***,显著性水平为1%。

表 8-5　干预事件对城市住房交易量影响的定量结果

城市	影响方式	"121号文件"		"国八条"		"国六条"	
		交易量	滞后阶数	交易量	滞后阶数	交易量	滞后阶数
北京	短期	−0.25 (−1.26)	0	0.54 (2.85)***	3	0.08 (0.34)	0
	长期	−0.9E-4 (−0.08)	0	−0.17 (−1.65)	3	−0.25 (−1.99)**	0
南京	短期	0.01 (0.90)	1	−0.27 (−1.12)	0	0.32 (2.31)*	0
	长期	−1.6E-3 (−0.04)	1	0.20 (0.89)	0	−0.22 (−1.53)	0
杭州	短期	−0.21 (−0.90)	2	0.16 (0.92)	0	−0.11 (−1.32)	2
	长期	−0.23E-3 (−0.08)	2	−0.09 (−2.51)*	0	0.09 (1.50)	2

城市	影响方式	"121 号文件"		"国八条"		"国六条"	
		交易量	滞后阶数	交易量	滞后阶数	交易量	滞后阶数
广州	短期	−0.01 (−0.40)	0	−0.08 (−1.26)	0	−0.14 (−1.81)*	0
	长期	−1.2E-3 (−0.68)	0	−0.05 (−1.68)	0	−8.0E-3 (−0.32)	0
深圳	短期	0.02 (0.90)	3	−0.29 (−1.41)	3	−0.53 (−2.06)*	2
	长期	−0.9E-3 (−0.03)	3	4.5E-3 (0.05)	3	0.10 (1.09)	2

注:括号内为概率值;∗,显著性水平为 10%;∗∗,显著性水平为 5%;∗∗∗,显著性水平为 1%。

8.4　干预事件冲击效应的规律总结

8.4.1　干预事件对全国住房价格和交易量的影响的规律总结

通过对三个干预事件对于全国层面住房价格和交易量的分析,结论如下:

(1)短期冲击影响较强,长期持续效果较差。政策工具颁布期间都对房价运行产生显著的短期冲击效应,表明市场参与者非常关注政府住房市场干预行为,会理性判断政策工具对住房市场的影响,并相应调整消费和投资决策。政策工具颁布时点是政府干预的重要参数。全国性政策工具对交易量运行的作用效果比其对价格的作用效果更不明显,总体上仍不显著,并且某些干预事件对交易量的影响在短期和长期上效果不同。

(2)针对市场供给面的干预事件和针对需求面的干预事件的效果不同。和需求方政府调控相比,针对供给方的政府事件更容易对房价运行产生持续的、长期的影响。例如,国务院第一次综合事件重点对需求进行调节,但是并未产生抑制房价增长的长期显著效果。多数政策工具颁布期间对交易量运行的短期作用的显著程度高于其长期作用。和供给方的干预政策相比,针对需求方的干预政策更容易对交易量运行产生持续的、长期的影响。例如,国务院第一次综合事件重点对需求进行调节,当期即对交易量产生明显的抑制作用。

（3）干预事件对住房市场有微调作用,但不能决定市场整体走势。从住房市场政府事件的发展过程来看,2005年之前的政策措施没有达到抑制房价增长的核心目标,2005年3月以来由国务院主导的两次综合调控只是在短期起到了抑制房价的作用,不能决定改变市场的整体走势。

8.4.2　干预事件对城市住房价格和交易量的影响的规律总结

通过对北京、上海、南京、杭州、广州和深圳等城市的实证分析,结论如下:

（1）央行主导的信贷政策对6城市住房价格产生了和理论分析一致的短期正向脉冲,但是在统计上并不显著,这表明货币政策对于住房市场有一定影响,但其影响力度和强度并不显著。在控制其他因素的情况下,单纯货币政策的影响有限。

（2）国务院主导的第一次综合事件对各城市房价的影响也同时体现在短期和长期机制上,但是总体上其统计显著性都不强。具体来看,"国八条"对北京、杭州、深圳房价的影响均体现为短期负向、长期正向（与对全国房价的影响模式则相同）,对广州的影响模式则相反,只有对上海、南京同时在短期和长期中表现出对房价的抑制作用。这在一定程度上说明各城市住房市场对干预事件的反应具有较大差异;短期作用效果尚能基本符合政策意图,但长期市场反应则弱化了初始政策效果。国务院主导的第一次综合事件对各城市交易量的影响体现在短期和长期机制上,其中短期作用效果的显著性更高。"国八条"对南京、广州、深圳等城市的住房交易量在短期上均表现出抑制作用,但长期抑制作用则只在广州得以延续;相反,"国八条"对北京、杭州交易量在短期上表现出激励效果,长期则体现为抑制作用。这在一定程度上说明抑制需求的政策作用效果总体上还是比较明显的,只是不同城市的反应速度和对政策的消化程度有所不同。

（3）国务院主导的第二次综合调控的总体效果与第一次综合调控有相似之处。首先,政策影响也同时体现在短期和长期机制上,相比之下,短期显著性程度更高。其次,"国六条"对上海、南京、杭州、广州等城市房价的影响均体现为短期负向、长期正向（与对全国房价的影响模式相同）,只有对北京、深圳同时在短期和长期中表现出对房价的抑制作用。这在一定程度上进一步印证各地住房市场对需求干预政策的反应具有较大差异；短期作用效果尚能基本符合政策意图，但长期则不然。国务院主导的第二次综合事件虽然在全国层面上表现出对交易量短期和长期的抑制作用，但是其对各城市的影响作用结果则呈现出很大的差异性。对北京、南京交易量的作用表现为短期激励、长期抑制；对杭州、深圳，表现为短期抑制、长期激励；对广州，则在短期和长期上均表现为抑制效果。

第9章　土地市场与住房市场制度改革的政策研究

保持房地产市场稳定健康发展,需要从金融、税收、货币、土地等多方面进行综合调控;而中国独特的政府土地垄断供给模式,使得土地供给成为干预房地产市场最直接、最有效和最易操作的工具。上述实证研究的结论表明,土地供给的宏观与微观政策能够显著影响住房市场的价格与数量。本章从土地供给的视角,提出住房市场与土地市场的协调发展的政策建议,促进房地产市场的稳定健康发展。

9.1　政策建议的出发点

9.1.1　土地供给与住房需求相匹配

保护耕地,促进土地节约集约利用是土地管理工作的重要目标。为了加强对土地的管制能力,我国建设用地供给(包括房地产建设用地)实行"指标管理"。中央政府设定年度建设用地供给总量指标,然后在省、自治区和直辖市进行分配,进而在市、区、县进行分配。"指标管理"的初衷是严格控制土地闸门,调控宏观经济与房地产市场的波动。而在现实当中,建设用地"指标管理"带来了两方面的问题:一方面,地方政府千方百计地争取建设用地指标,指标数量与需求之间不匹配、不均衡的矛盾突出,隐形的土地违法占用、转用、出让行为普遍存在,"指标管理"作用有限;另一方面,"指标管理"人为地造成建设用地供给不足的局面,容易形成住房供给不足的"心理恐慌",有助于推高房地产产品价格。

目前,我国正处于快速的工业化和城镇化阶段,城镇化人口对于住房的需求量快速增加,高地价、高房价不利于城市的长期可持续发展。保持房地产市场稳定健康发展,需要对土地管理的基本目标进行调整。顺应我国城镇化与工业化的发展趋势与潮流,需要在兼顾耕地保护、土地节约集约利用目标的同时,将保障快速城镇化人口的居住权,实现土地供给与需求相匹配,作为土地管理工作的目标之一。通过调整土地管理工作的目标,实现土地供求均衡,为房地产市场提供一个长期稳定的土地供给预期,这有利于土地管理工作适应城镇化与工业化的发展潮流,促进社会经济协调稳定发展。

9.1.2　宏观政策与微观政策相结合

从实证研究的结论可以看出,宏观和微观两个层面的土地政策能够影响住房市场价格和交易量。要实现房地产市场与土地市场的协调发展,同样需要从两个方面进一步完善土地供给制度,避免走上"高房价、高地价"的路径和模式。从宏观层面来看,通过完善城市土地管理体制、供给模式、供给计划,能够形成土地稳定充足供给的市场预期,促进市场稳定发展。从微观层面来说,可以进一步完善宗地招拍挂出让方式、出让条件、出让时机等微观层面的政策,稳定宗地与楼盘价格,进而稳定特定区域的房地产市场。因此,在政策设计时,笔者从土地供给宏观与微观两个层面出发,提出促进房地产市场稳定健康发展的政策体系。

9.1.3　长期制度与短期政策相结合

目前的土地储备、开发、经营和供给体制与模式对房地产市场的影响是长期的。要实现房地产市场的稳定健康发展,需要在土地供给制度与模式上做出相应的调整。在此过程中,将长期制度改革与短期政策调整相结合是可选择的有效路径。长期来看,调整我国土地"指标管理"体制,土地征收制度、土地储备制度、土地垄断供给方式、招拍挂制度都要向更有弹性的土地供给方式转变。从短期来看,则可以通过增强土地出让计划的透明性、增加住房建设用地的供给量、完善土地出让方式,进行短期政策调整来稳定房地产市场。因此,在政策设计过程中,将长期制度改革和短期政策调整相结合,也是重要的出发点。

9.2   宏观层面的政策建议

9.2.1   制订并公开土地储备与供给计划,稳定市场预期

　　房地产市场价格上涨并不可怕,可怕的是市场普遍都有上涨的预期,以及由此造成的企业、消费者"心理恐慌"。给房地产开发企业、消费者一个稳定的市场预期,有助于避免市场的大幅波动。而稳定房地产市场预期,首先要形成公开透明的土地储备与供应计划。对于房地产企业来说,具有明确的预期的土地供给,有助于避免开发商在土地市场上的过度竞争;而对于消费者来说,有利于形成稳定的住房消费预期。

　　(1)增强土地储备透明度,科学制订并公开 5 年土地储备计划,明确未来城市拓展的区域与空间,稳定土地供给预期。土地储备规模直接影响未来土地供给的数量,对于开发商土地购置预期与消费者住房消费行为影响巨大。目前,土地储备也是各地土地管理部门关注的热点和工作重心,地方政府纷纷编制土地储备计划,在一定程度上促进了土地储备工作能有序、有效地进行。然而,城市土地储备计划还存在较多问题,包括土地储备计划科学合理性较差、不公开透明、缺乏可执行性等问题。2007 年《土地储备管理办法》的出台,为土地储备规划的编制提出了新的要求。制订长期的土地储备计划成为进一步规范土地储备行为、调控土地市场、稳定土地供给预期的重要工具。

　　科学编制土地储备计划,需要基于城市经济社会发展的现状、趋势与路径,科学分析城市建设用地的供需现状、特点、规律,合理测算建设用地的供给潜力,正确预测建设用地需求,确定规划期间各类建设用地储备、供应的规模、空间结构、储备时序,制定土地储备开发模式与机制。因此,土地储备计划要从供给和需求两个方面入手,保证土地储备计划具有科学性与现实操作性。

　　在科学测算土地供给与土地需求的基础上,编制并向社会公布未来 5 年土地储备方案,明确建设用地供应时序、结构和规模,明确不同区域土地的供应计划。城市土地储备计划制订后要公开并加以宣传,使之成为引导企业投资与消费者理性行为的重要文件。向社会公众公开城市的土地开发方案,不仅有利于对地方政府土地储备行为形成约束,而且有利于房地产企业与住房

消费者形成稳定的土地供给预期。

(2)增强土地供应可预期性,编制 4+1 土地供应计划,明确未来房地产用地供给的数量与区位,稳定城市居民的消费预期。在制订土地储备计划的基础上,需要进一步明确土地供应计划。尽管目前土地供应计划已经是政府土地管理工作的一部分,但是制订和公布的时间滞后,计划的可操作性差,通常受地方政府财政需求与房地产市场价格波动的影响较大。土地供应计划需要依据土地利用总体规划、住房建设规划和棚户区改造规划,结合本地区已供土地开发利用情况和批而未供闲置土地的处置情况,编制商品房与保障性住房用地供应计划,合理确定住房用地供应总量和结构。土地计划应当明确未来 5 年供给总量、用途结构、空间布局,并详细制订当前 1 年的土地出让详细计划;而在公布时点上,要在年底公布下 1 年的土地供应计划,并对外公开。

提高土地供给总量。保持土地储备开发投资合理规模,增强政府调控土地市场和住房保障能力,适当增加住宅用地供应,支持居民的合理住房需求。稳步增加住宅用地供给量,进一步提高政策性住房用地的比例,合理把握供地时序,为房地产市场提供一个稳定的土地供给预期。

控制土地供给结构。在土地供给过程中,确保各类政策性住房及 90 平方米以下的中小套型商品房用地供应量不低于一定比例(大部分城市不低于 70%),合理控制大套型及别墅住房建设用地,解决城市中低收入家庭的住房困难。同时,确保保障性住房、棚户改造和自住性中小套型商品房建房用地优先供给。此外,合理设定单宗土地的出让规模,避免由于宗地出让面积过大所造成的缓慢开发。

形成长期稳定的土地供应计划,明确住房建设用地供给的数量、区位、时机与结构,并且形成具有操作性的实施方案。如果政府土地供应政策稳定与可预期,开发商就没有必要在一块土地上进行过度竞争,这有利于消除目前开发商在热点地块上过度竞争,频繁制造"地王"冲击房地产市场的局面。

9.2.2　丰富土地供给渠道,引入"勾地"制度,增加土地供给弹性

(1)逐步推广"勾地"制度,增加房地产建设用地的供给弹性,实现供给与需求相匹配。1998 年亚洲金融危机后,中国香港房地产市场处于萧条时期,房地产企业停止购入土地,地价大幅度下跌,严重冲击了香港特别行政区政府推行多年的土地拍卖政策。为了保证土地不被贱卖,香港特别行政区政府

暂停土地拍卖,转而执行"勾地"制度。目的是在拍卖土地前增加一个"保险程序",避免土地拍卖无人问津而进一步冲击市场信心。香港的"勾地"制度每年由地政署公布当年的勾地表,房地产企业对"勾地表"内任何一幅土地有兴趣的话,可以向政府提出申请,申请人必须为购买该幅土地开出最低价并交缴按金。如果申请人的出价符合政府按公开市场价格所做的评估,该幅土地便会以公开招标或拍卖的形式出售。香港"勾地"制度设立的初衷是为了在房地产市场萧条期避免贱卖土地资产和土地流拍时间。"勾地"制度实行以来,对香港土地供给制度造成了巨大的变革。

香港"勾地"制度实现了土地供给方式的重大转变,即由之前的政府主导逐渐转变为由市场主导(开发商自行决定勾地与否)的转型。"勾地"制度本质是通过市场询价和成交的土地供应制度,土地供应是供求双方博弈的结果,并且反映了政府的调控意图。从政府角度来看,通过制定勾地表和设定出让条件,政府可以决定土地出让的区位、供给数量,从而调控房地产市场。从开发商的角度来看,可以根据市场预期进行勾地。如果开发商对房市预期不好,就会选择不做出勾地申请,这样就没有新的土地供应;反之,开发商看好市场,必积极申请勾地和参与招拍挂,土地与住房供应增加,稳定房地产市场价格。因此,"勾地"制度有利于开发商根据市场供求关系和风险分析做出合理的勾地决策,充分反映市场需求方的信息。

目前,上海、广州等城市已经开始借鉴"勾地"制度,推行土地预申请制度。该制度有利于避免政府对于土地市场的过度干预,为土地市场反应房地产开发企业的预期提供了路径和通道。在总结试点城市经验的基础上和进一步完善"勾地"制度的基础上,可以增加土地供给的弹性,有利于实现土地供给与需求的匹配。

(2)引导集体建设用地合理、有序地进入城市房地产市场,丰富土地供给渠道,形成城乡统一的土地市场。城乡土地权利的不平等与利益分配的不平衡是集体建设用地灰色市场存在的根本原因。集体建设用地以各种形式进入市场,已经成为不争的事实,而进一步压制集体建设用地灰色市场,不能解决城乡土地权利不平等和利益分配不平衡所带来的诸多矛盾。从土地资源配置体制市场化改革的既有效果来看,开辟并规范管理集体建设用地使用权市场,有利于提升土地利用效率并显化其价值,是土地资源配置体制市场化改革的必由之路。目前,北京周边区县已经有一定数量的小产权房,亟待规范和处置。在城乡建设用地分配不均，利用效率差异大的情况下，允许集体建设用地进入房地产市场，可以探索建设用地用于保障性住房建设，形成多渠道的住房供给，解决快速城镇化人口的住房难题。

9.2.3　规范土地收入使用制度，弱化地方政府"以地生财"动机

（1）土地出让收入及房地产税收收入成为地方政府的重要财政来源，土地一级开发也成为地方政府融资的重要平台，存在巨大风险。1994 年，分税制改革后，中央财政收入大幅度上升，地方财政收入下降。与此同时，地方政府所要承担的事权并没有相应减少，这直接导致了分税制改革后地方政府事权与财权的不一致。在土地出让收入为进入地方财政预算以前，土地出让收入成为地方政府的重要收入来源。实施土地储备制度以后，土地垄断供应带来了可观的土地财政收入，这对地方政府具有很大的刺激作用，土地出让收入成为盲目扩大城市建设规模和搞政绩工程的主要资金来源。

随着可观的土地出让收入对地方政府的刺激，政府储备土地已远离盘活城市存量土地的初衷，追求土地收益最大化及以土地抵押融资成了政府储备土地的真实宗旨。在目前的卖地收益和成本分配体制下，地方政府以透支土地来出让收益，即在任期内多出让土地，超前消费、超前投资。这给整个城市的可持续稳定发展带来了巨大风险，为经济的长期稳定发展埋下隐患。因此，监督地方政府的土地出让行为，保证土地收入能长期可持续地用于城市发展，成为紧迫的现实问题。特别要对土地出让收入使用范围进行严格限制，对土地出让收入的开支情况进行公众监督。此外，对于地方政府借助土地储备和一级开发项目进行融资的行为，也应当进一步规范，避免土地开发工作成为地方政府筹资的工具，从而避免造成地方政府负债率过高，给土地与房地产市场带来冲击。

（2）规范土地收入基金及其使用制度，形成公众监督下的土地收入使用制度，保障土地出让收入的一定比例用于保障性住房建设。从中国香港地区及新加坡的土地及房地产收入的使用情况来看，主要特点是设立专门管理机构，限定使用范围。其最终目的是将社会集体行为所产生的土地及房地产收入，重新回报给社会。目前，国内已出台规定将土地出让金纳入财政预算，开始规范土地出让收入的使用程序。总的来看，国内土地及房地产收入的使用还缺乏专门的管理机构。从规范政府土地及房地产收入的使用机制入手，消

除地方政府"以地生财"的动机和行为,形成透明的土地出让使用机制。同时,土地收入开支需要接受公众监督,使其不再成为地方政府政绩工程的钱袋,消除地方抬高土地价格的利益驱动,遏制当前用地规模的过度扩张。

建立土地收入基金,保持可持续利用。要将土地出让金的一定比例建立国有土地收益基金,并规定不得作为政府当期收入安排,留作以后年度地方政府安排使用,避免地方政府在财政困难的挤压下"寅吃卯粮"。在现有的财税体制下,卖地的收入与房地产方面的税收,占据了地方财政的大部分份额。有些城市土地出让收入甚至达到了当年财政收入的 50% 以上。为避免地方政府的短期行为,可以成立独立的土地出让收益基金,按照土地出让净收入的固定比例提出,支持基础设施建设与公共服务。

限定使用范围,信息公开,接受公众监督。土地及房地产收入来源于社会,也应当回报给社会。新加坡和中国香港地区的土地及房地产收入主要是为城市基础工程和公共服务提供资金。目前,土地出让收入使用范围包括征地和拆迁补偿支出、土地开发支出、支农支出、城市建设支出以及其他支出(林丹,2010)。明确土地收益的开支范围,增加土地收入用于保障性住房建设的比例。财政部、建设部《国土资源部关于切实落实城镇廉租住房保障资金的通知》(财综〔2006〕25 号)要求土地出让净收益用于廉租房保障资金的比例不低于 10%;而土地净收益受很多因素影响,土地开发后成本核算后净收益可能很少。因此,为保证保障性住房建设,可以按照土地出让收入的一定比例提取。

此外,接受公众舆论监督也是提高土地收益使用效率的有效途径,让市民知道土地收入开支项目、使用范围和使用绩效,有利于消除公众对于"地王"现象的不满,实现土地收入来自于公众,回馈给公众的目的。

9.2.4 稳定供应规模与价格,弱化周期波动的影响

通过分析浙江省 11 个城市历年土地供应规模和价格,可以发现在市场繁荣期,土地出让数量多,价格高;土地成交的总金额大,企业预期未来的房地产年市场会持续繁荣,这是这一个时期土地市场的主要特点。在出让规模巨大的前提下,土地出让收入给政府、行业和企业带来了巨大影响。政府对于土地市场所产生的土地收益的依赖程度日益提高。

对市场而言,繁荣期大规模、高价格的土地出让,对后续市场影响深远。

从现有的市场销量来看,要将这些土地通过市场转换为居民的住房服务,最少需要 3~5 年;而这些土地要通过企业在市场上正常的消化掉,还存在较大的难度。另一方面,从房价、地价比例来看,地价占房价的比例已经超过了35%,这是房价的基本构成部分。过高的地价也使得房地产项目的降价空间有限。

对企业而言,繁荣期房地产企业在土地市场上表现出强烈的购地欲望与信心,将 2009 到 2011 年 3 年的土地价格推到一个高点。单位地价是反映企业对于未来房地产市场预期的重要信号。浙江省 11 个城市 3 年土地出让的单位地价和楼面地价能够较好地反映项目的土地成本以及未来的销售价格。如果楼面地价高于周边房价,则意味着该项目无法启动,或者启动后将面临巨大亏损的风险。

政府在土地供应中肩负着多元化的目标,而追求土地收益最大化无疑是最主要的目标。地方政府在土地供应实践中,应当将保持房地产市场稳定作为主要目标。这需要保持土地供应规模与价格的稳定性。在市场繁荣期,地方政府应避免在短期内推出过量土地;而在市场萧条期,地方政府却能够适时降低土地价格,保持供应规模。当然,实现这种相对稳定的供应流量,需要政府在土地供应中加强稳定市场的作用,降低对土地出让收益最大化的动机。

9.3　微观层次的政策建议

房地产项目开发涉及国土、规划、建设等多个管理部门,都负有监管职责。从微观层面来看,从宗地出让到住房销售,项目整个开发流程还需要一套系统化的监管体系。不同部分代表着不同的利益全体,对房地产市场持有不同态度。笔者认为应当从微观层面,协调多个部门利益,形成房地产项目监管体系。同时,在土地出让、评标中进一步完善相关政策,为房地产市场的稳定发展提供微观政策保障。

9.3.1　形成土地供给到项目开发的全流程监管系统

目前,我国的房地产项目由不同行政部门进行监管,土地部分负责土地规划、开发、储备、出让,建设部分则负责住房建设规划、质量监管、项目验收与销售管理。项目开发不同阶段的监管存在不系统、不协调、不完善的地方。

房地产项目本身是一个完整的过程,需要形成从土地供给直到项目销售的全流程监管体系,提升住房供给效率,避免囤地、囤房现象。从房地产项目开发流程来看,可以划分为四个阶段:土地获取阶段、项目审批阶段、项目建设阶段和项目销售阶段。每个项目从宗地出让开始,设置唯一的项目编号,明确四个阶段的监管主体。

(1)土地获取阶段:严格限制土地出让条件,规范交易环节。在土地出让阶段,由国土部分负责,规范土地供给行为、明确土地开发约束调控,并对宗地设置唯一的项目编号,便于全流程监管。国土资源管理部门应当将从土地供应计划到竣工验收和违法违规用地查处的信息全程公开,通过信息公开促进项目开发,稳定市场预期。充分利用监测网络系统,加强对每宗地的出让、交易环节进行流程监督,防止产生新的闲置土地。对于完成土地出让程序的地块,监督其开工时间,避免开发商囤积土地来获取增值收益。

(2)项目审批阶段:规定项目审批期限,提升行政效率。在项目审批阶段,由负责审批的单位负责,限定审批期限。目前房地产项目手续包括:土地交易及手续、建设工程规划手续和建设施工许可证等。①办理土地成交有关手续。建设单位在土地公开交易市场通过公开交易取得土地开发权,国土部门核发土地成交确认书。②办理土地成交有关手续后,建设单位可同时办理项目立项、用地、规划设计方案及初步设计有关手续。③办理建设工程规划许可有关手续。建设单位在取得建设用地规划许可证,并且项目经核准或备案后,办理年度投资计划,建设项目通过人民防空建设标准审查、文物保护单位建设控制地带项目建设方案审查后,办理建设工程规划许可证。对审批的行政单位提出审批期限,并实现网上监督,提升房地产项目的审批效率。对于审批过程中出现的问题,及时在网上发布相关信息,明确解决问题的期限。目前,房地产项目建设缓慢,有两个方面的原因:一是房地产企业基于市场预期,通过放缓项目开发速度或者囤地不开发,等待市场变化;二是由于房地产项目需要行政审批的程序比较多,有些项目审批时期较长,有些未得到申请。部分房地产企业以审批程序未完成为借口,放缓开发节奏,造成土地闲置。目前,开发商囤积土地已经成为比较普遍的现象,大量土地处于闲置状态。因此,在规划阶段,需要进一步明确国土、规划、建设、发改委等审批部门的审批期限,简化不必要的审批手续,避免由于政府部门审批的原因导致项目停滞,并对审批过程进行网上公开,接受公众监督。

（3）项目建设阶段：强化建设流程监管，约束企业行为。在项目建设阶段，由土地与建设部门负责监管，促进项目正常开发。对于办理完建设工程施工许可的有关手续后，还需要加强对建设期间的开发行为的监管。有些房地产企业为了囤积土地，仅采取形式上的开工，实际上土地仍处于闲置状态。国土资源部已经开始加强对土地开发的监管，从 2010 年 4 月 1 日起，市、县国土资源管理部门建立房地产用地开竣工申报制度。用地者应当在项目开工、竣工时，向国土资源管理部门书面申报，各地应对合同约定内容进行核验。在合同约定期限内未开工、竣工的，用地者要在到期前 15 日内，申报延迟缘由，市、县国土资源管理部门按合同约定处理后，可通过增加出让合同和划拨决定书条款或签订补充协议等方式，对申报内容进行约定监管。对不执行申报制度的，要向社会公示，并限制其至少在 1 年内不得参加土地购置活动。

（4）项目销售阶段：规范企业销售行为，促进住房供给。对于竣工的项目进入销售阶段后，由房管部门进行监督。对于已经完成开发的项目，由房管部门监督企业的销售行为，并在网上公开楼盘的销售情况，接受公众监督。同时，对开发商的销售行为进行规范，避免开发商在销售过程中有囤房行为。通过对土地出让与项目的全流程监管，逐渐形成完整的房地产项目监管信息网，从四个方面对房地产项目进行实时跟踪监管，并进行信息公开。通过建设房地产项目监管系统，打通国土、建设、规划及发改委项目监管通道，实现项目实时跟踪，避免目前房地产市场建设中普遍存在的"囤地、囤房"现象。

9.3.2 推行宗地出让配建方式，确保土地收益用于政策性住房建设

（1）在宗地出让中明确配建比例，将土地出让收益直接转移到保障性住房建设，缓解城市中低收入家庭住房困境。作为完善招拍挂出让制度的一部分，在商品房用地出让过程中，配建一定比例的保障性住房，是值得推广的一种方式。在新建商品房项目中按照建筑面积的一定比例，规划保障性住房（包括廉租房、公共租赁房和限价房），用于解决城市重点收入家庭的住房困难。为了约束开发商的行为，需要在土地出让合同中，明确配建面积、户型结构以及验收办法。住房在开发结束之后交由政府接管，然后配租给中低收入家庭。当前，地方政府对于保障性住房建设的积极性不高，通过在商品房中强制配建一定比例的保障性住房，能够将部分土地出让收入直接用于保障性住房建设，减少了政府工作量。目前，上海市已经明确，新出让用于开发建设

商品住房的建设项目,均应当按照不低于建设项目住房建筑总面积5%的比例配建经济适用房等保障性住房。在商品房项目中"配建"保障性住房的方式,已成为多个省市增加保障房供应的有效方式之一。

(2)依据城市房地产市场情况,增加配建比例,弱化宗地出让中形成的"地王效应",避免对周边楼盘的冲击。对于配建比例,则需要根据城市房地产市场情况、保障家庭及保障性住房建设情况而定。总的来说,在房地产市场价格高、住房需求量大、保障家庭多的一线城市,可以适当提高商品房建设用地中的配建比例。例如,2010年北京商品房配建保障房的比例将由原先的15%上调至30%,这将大幅增加北京市保障房的供给,并且能够显著降低宗地出让过程中的价格,消除"地王"的冲击效应。对于房价低,需保障家庭少的二、三线城市,则可根据实际情况设定配建比例。但是,应设定最低配建比例,配建比例不应当低于3%。当前,在商品房项目中"配建"保障房等方式已成为多个省市为增加保障房供应而采取的方法之一。无论配建比例多少,都需要在出让合同中写明,这样对房地产开发企业才具有约束力。

9.3.3 形成土地综合评标体系,避免开发商过度价格竞争

房地产市场繁荣时期,各地"地王"频现,对房地产市场形成了巨大的冲击效应,社会各界对于土地招拍挂方式抬升房价、地价的指责声高涨。招拍挂出让方式确立以来,对于增加土地出让透明度,减少寻租行为,提升土地价值起了巨大的作用。但是,在运行过程中也存在"价高者得"的单一规则所带来的"高地价、高房价"局面,需要进一步改进和完善现有的招拍挂制度。

(1)进一步完善土地招拍挂制度,调整竞买规则与限制条件,避免开发商对土地价格的过度竞争。按照公开、公平、公正的原则和统一、规范的市场建设要求,坚持和完善招拍挂出让制度。房价过高、上涨过快的城市,可选择部分地块,按照政府确定的限价房项目采用竞地价办法招拍挂出让土地,发挥抑制房价上涨过快的调节作用。此外,为抑制地价过快上涨,也探索和完善招拍挂制度,如推广综合评标和限房价竞地价、竞保障房公租房比例的"一限双竞"办法等。

(2)逐步综合评标方式,合理选择开发商,缩短土地供给转化为住房供给的时间路径。为了避免"价高者得"的竞买规则对于地价、房价的抬升作用,可以考虑对于普通商品住房用地,尽量采用招标的方式进行,按照提高土地

开发利用效率的原则,探索综合评标的具体方法。在确定土地出让最低价的基础上,将土地价款交付、开发建设周期、中小套型建设要求、土地节约集约程度等影响土地开发利用的因素作为评标条件,科学量化标准,合理确定各因素权重,完善评标专家库,细化评标规则,规范运作,依法依纪严格监督。另外,在选择中标企业时则可剔除过高或过低的报价,综合考虑定价及开发商运作能力实行"价中者得",以此来抑制地块周边开发商的提价冲动。

目前,我国的房地产市场价格仍处于高位运行的时期,高地价、高房价对整个宏观经济的可持续发展形成了全方位的影响。土地供给作为政府手中掌握的最有效工具,如何运用土地政策稳定房地产市场成为关键点。从我国城镇化与工业化的发展阶段出发,制定科学合理的土地供给宏观与微观政策,稳定房地产市场,避免走上"高房价、高地价"的发展模式,土地管理工作需要承担更多的责任和任务。

第 5 篇

破除供给垄断与开辟集体土地市场

第10章 破除市场垄断:开辟农村集体建设土地市场

改革开放以来,土地资源配置体制市场化改革提升了土地利用效率,显化了土地价值。在农村地区,家庭联产承包责任制及农地承包经营权的合法性得到确认,并允许农地承包经营权进行流转。在城市,国有土地使用权的市场化出让标志土地市场回归,城市国有土地使用权市场的价值显化功能使得土地利用效率显著提高。当前,是否开辟农村集体建设用地使用权市场存在争论。本章从我国土地资源配置体制市场化改革总体思路出发,对"农地承包经营权市场"和"城市国有土地使用权市场"的效果进行评价,分析我国土地资源配置体制改革的内在逻辑,探讨开辟集体建设用地使用权市场是否是改革的必由之路。

10.1 土地使用权市场改革的效果评价

土地所有权和使用权相分离的观念创新突破了体制上的束缚,使得土地使用权可以进行市场化交易。由"农地承包经营权市场"和"城镇国有土地使用权市场"构成的"土地使用权市场",是土地资源配置体制市场化改革的主要成果,其目标是提高土地利用效率,增加政府土地收益。土地资源配置体制市场化改革的效果是双向的,在提升土地利用效率和显化土地价值的同时,土地权利不平等和土地收益分配不平衡的矛盾突出。

10.1.1 土地使用权市场的历史贡献

尽管土地使用权市场还不是完全意义上的土地市场,但对于土地利用效率无疑有一定的提升作用。在农村地区,农地使用权和收益权被赋予农户,农村生产力得以释放,农地的产出效率在20世纪80年代中期达到高峰。在城市地区,使用者通过市场竞价的方式获取城市国有土地使用权,土地利用效率决定了使用者的收益状况。在土地资源配置体制未改革之前,3%～5%城市工业用地被闲置下来,40%的工业用地利用效率低下(Ding,2003)。土地使用权市场出现后,城市空置土地明显减少,城市土地利用模式也发生显著变化,商业用地和住宅用地数量增长较快,逐渐将附加值低的工业生产活动驱逐出城市核心区。

土地使用权市场另一个重要的功能就是显化土地资产的价值,并且随着市场供求关系的变化,土地价值呈现快速增长的趋势。尽管农地因用途限制,价值增加幅度有限,但是随着农地承包经营权市场竞争程度的加强,农地价值不断增长。对于城镇国有土地来说,土地使用权的出让收入已经成为推动中国城镇化最重要的资金来源,也是地方政府重要的财政收入来源(Yeh and Wu,1996;George et al.,2005)。在快速的城镇化进程中,政府对于城市建设用地的垄断供应进一步推动土地价值的增长。

土地使用权市场之所以能够提升土地利用效率,显化土地价值,其原因主要有两个方面:一是引入激励原则。土地使用权市场形成以来,最重要的就是依靠市场原则对土地使用者进行充分而有效的激励。无论是农村集体土地还是城市国有土地,尽管使用者不能享有土地所有权,但是农地产出收益和城市土地开发收益大部分都留在了使用者的手中,这无疑是最简单、最有效的激励方式。二是引入竞争原则。土地使用者要获取土地使用权,必须付出一定的实际成本或机会成本。在土地使用权市场上,土地使用者必须比竞争者出更高的价格才能获得土地使用权,并且要能够比竞争者更有效的利用土地,才不至于被驱逐出去。相对于计划经济下的土地资源配置体制,土地使用权市场引入的激励原则与竞争原则,是土地资源配置体制市场化改革成功的内在逻辑。与此同时,土地使用权市场也显化了城乡土地权利不平等与土地收益分配不平衡的矛盾。

10.1.2 城镇土地使用权市场面临的现实挑战

现有的土地资源配置体制按照土地所在区位不同,将其划分为农村集体土地和城镇国有土地。所有权性质的不同决定了土地权利的不同。土地使用权市场的出现,将这种土地权利的不平等转换为土地收益的不平等,城乡土地权利不平等可以概括为三个方面:一是所有权不平等。农村集体土地和城市国有土地的法律地位是不平等的，农村集体土地由于产权的模糊性更容易受到政府公权力的侵害，并且补偿较低。二是土地使用权不平等。城镇国有建设用地使用权能够通过招标、拍卖和挂牌的方式进入一级土地市场，参与工业生产、商业开发，并可以在二级市场上进行转让、抵押或出租；而集体建设用地则只能用于农村公共设施、乡镇企业和村民宅基地建设，不允许集体建设用地使用权进行市场化交易。三是土地收益权不平等。城乡土地所有权和使用权的不平等，使得城市土地价值在短期内急剧增加；而农村集体建设用地利用效率低下，其价值的合法性不能得到认可。相同的土地资产，因为所有权性质的不同而具有不同的权利，也束缚了土地所有者的命运。

土地权利的不平等引发的另一个问题就是土地收益分配的不平衡。当前，征收集体土地成为满足城市建设用地需求的主要途径。土地征收权与一级土地市场的垄断供应权，使得政府成为土地增值收益的主要获得者，土地收益分配不平衡是当前社会的主要矛盾之一。

第一，城乡之间土地收益分配不平衡。集体土地转变为城市建设用地，价值数以百倍地增加，而征地补偿则依据农业用途的产出进行，只有约 10％土地增值收益被用来补偿土地所有权，城市政府则成为土地增值收益的主要受益者。土地因所有权转换和用途转变所带来的增值收益在地方政府和农村（农民）之间分配的不平衡是城乡关系紧张、城乡差距扩大的主要原因。

第二，公众与开发商之间土地收益分配不平衡。城市土地属于国家所有，土地使用者从土地市场上通过竞价方式获取土地使用权，并不是完整的土地产权。在城镇化过程中，城市范围的扩大、公共基础设施和社区服务的改善以及城市人口的增加都将使得土地价值不断增长（Hong，1998；Eddie et al.，2004）。城市土地的增值收益属于土地所有者，政府应当通过税费体系获取这部分收入，并将其重新回报给社会公众。当前由于国内缺乏有效的房地产税费征收体系，政府没有能够获得这部分的增值收益，开发商成为实际享有者。土地增值收益在公众和开发商之间分配的不平衡造成了城市房地产业的过度繁荣，而城市低收入人群住房保障资金投入相对不足。

第三，中央政府和地方政府之间收益分配不平衡。根据规定，土地出让金在中央政府和地方政府之间进行分配，中央政府得到 30％，地方政府得到 70％；而在实际分配中，中央政府得到的很少，大部分土地出让金被地方政府获得（Deng，2005）。土地收益在中央政府和地方政府分配的不平衡，造成了地方政府在土地征收中的过度激励。在高额利益的刺激下,地方政府有充分的动力将大量的集体土地转变为城市国有土地,造成土地的过度非农化,有些地方政府甚至形成"土地财政"。当前,土地资源配置体制市场化改革所带来的土地权利不平等和收益分配不平衡,已经成为制约社会经济和谐发展的关键矛盾。土地资源配置体制市场化改革的目标是提高土地利用效率,维护权利公平。激励原则与竞争原则无疑是市场化改革的基本规律,而促使土地资源能够平等、公正、有秩序地进入市场是未来的改革方向。

10.2　开辟集体建设用地使用权市场是战略选择

集体建设用地使用权市场有宪法依据。1988 年 4 月,全国人大通过了《中华人民共和国宪法修正案》,在删除土地不得出租规定的同时,增加了"土地使用权可以依照法律的规定转让"的规定。根据修改后的《宪法》,土地管理法也做了相应修改,1990 年 5 月国务院发布了《城镇国有土地使用权出让和转让暂行条例》,规范了城市国有土地使用权市场。2002 年 8 月,全国人大通过了《中华人民共和国农村土地承包法》,赋予农户稳定长期的农地承包经营权,并对其分配、流转和管理做出规定,为农地承包经营权市场发育提供了依据。然而,对于集体建设用地,其使用权出让和转让的国家法规却一直没有出台。因此,尽管集体建设用地使用权进入市场流转属于宪法允许之列,并且有城市国有土地使用权市场和农地承包经营权市场作为参照,但一直缺乏具体的法律依据。在土地资源配置体制市场化改革的过程中,集体建设用地使用权市场化流转成为改革的盲区,集体建设用地利用效率低下。面对巨大的利益诱惑,城市周边地区的农村开始将集体建设用地用于工业生产、商业开发,形成集体建设用地的"灰色市场"。

10.2.1　集体建设用地灰色市场普遍存在

在经济发达的长三角、珠三角、北京周边地区,集体建设土地以出租、转让、联营、入股和抵押等多种模式进入市场,参与利益分配,已经成为土地资源配置中的一股重要力量(王小映,2003;蒋省三,刘守英,2006)。集体建设用地灰色市场中存在的土地违法行为主要有两类:第一类是农地转变为宅基地过程中的土地非法占用、出让和转让行为和农地转变为私营企业、集体企业用地过程中的非法占用、出让和转让行为。在第一类违法行为中，涉及农民个体的违法案件最多。主要有两种形式：一是擅自将农地转变为住宅用地或商业用地；二是超出标准占用和非法转让宅基地。尽管现行的国家法律不允许将宅基地转让给集体以外的人，但是在城乡结合部，城市居民在农村购买宅基地已经是非常普遍的现象。第二类违法行为的主体是村集体（村民委员会），其主要形式是与开发商合作，未经合法手续将集体建设用地直接转变为工业、商业、住宅用地。有的村集体利用自身的地理优势和土地资源，直接在农村开发房地产项目，进入城市房地产市场获取高额收益，有的将农村集体土地转变成小规模的工业园区，从中获取高额租金。

改革开放以来，随着农村工业化和城市开发进程的加速，各种形式的建设用地的需求量迅速增加。在现行土地资源配置体制不能满足市场需求的情况下，集体建设用地灰色市场迅速成长。据有记录的数据表明，1998 年到2002 年间，有记录的土地违法案件达 456,249 件，是这 5 年中合法市场化出让的土地件数的 60.39％；非法占用、出让和转让所涉及的土地面为 111,969.27 公顷，占合法出让土地面积的 30.02％（贾生华，张娟锋，2006）。这些土地很大部分都涉及集体建设用地，违法案件集中在东南沿海地区，尤其是人口密集、经济发达和土地资源竞争激烈的大城市边缘。

城乡土地权利的不平等与利益分配的不平衡是集体建设用地灰色市场存在的根本原因。集体建设用地以各种形式进入市场已经成为不争的事实，进一步压制集体建设用地灰色市场，不能解决城乡土地权利不平等和利益分配不平衡所带来的诸多矛盾。从土地资源配置体制市场化改革的既有效果来看，开辟并规范管理集体建设用地使用权市场有利于提升土地利用效率并显化其价值，是土地资源配置体制市场化改革的必由之路。

10.2.2　集体建设用地使用权市场的预期价值

第一，强化城乡土地权利的平等性。目前的土地使用权市场是部分的和不完整的，缺乏了集体建设用地使用权市场。集体建设用地使用权市场的合法化将在法律、法规层面承认集体建设用地在用途、使用范围和使用方式上拥有与城市国有土地同等的权利。能够促进农村集体土地和城镇国有土地在所有权、使用权和收益权上进一步平等化。而城乡土地权利平等将打破政府对于城市建设用地使用权供应的垄断，能够缓解当前城市房地产市场供应不足的压力。2005 年 6 月,广东省发布了《广东省集体建设用地使用权流转管理办法》,对集体建设用地使用权出让、出租、转让、抵押等做出了规定,规范化管理的效果显著。

第二,提高集体建设土地利用效率、显化农村土地资产价值。集体建设用地使用权市场的开辟将在集体建设用地的使用过程中引入激励原则和竞争原则,会快速提升土地利用效率和显化土地价值。参照城镇国有土地使用权市场的效果,确认集体建设用地使用权的合法性将在短期内显化集体土地资产的既有价值。同时,随着基础设施完善和公共服务水平的提升,集体建设用地的价值将不断增长,集体建设用地使用权市场的价值显化功能可为新农村建设提供持久的资金支持。

第三,缓解城乡土地收益分配不平衡的矛盾。土地收益在城乡之间分配不平衡是城乡之间差距扩大的主要原因。开辟集体建设用地使用权市场标志着农村集体土地和城镇国有土地拥有同等的收益权。农村集体土地的所有者将可以利用自己拥有的土地从事房地产开发、工业生产、商业开发等经营活动。开辟集体建设用地使用权市场将重新调整城乡之间土地收益分配格局,可以从根本上解决当前因征地引发的诸多矛盾。政府也可以真正做到因为"公共利益"而行使征地权,而对于工业生产、住宅开发、商业开发等经营性活动所需土地可以从集体建设用地所有权市场上获得,减少政府征地的数量和规模。

目前,集体建设用地使用权进入工业用地市场已经比较成熟,对于集体土地进入房地产市场还存在较大的争议,集中在三个方面:一是允许集体建设用地进入房地产市场是否会导致对耕地的侵占,影响到国家耕地红线;二是允许集体建设用地进入房地产市场是否会侵占农民的权益,形成新一轮的圈地运动;三是开放后会不会对城市房地产市场产生冲击。这些担心无疑是非常必要的和需要提前考虑的。但是,从城乡社会一体化、城乡土地市场一体化的长远发展战略来看,推动集体建设用地与国有土地的同地同权无疑是必然趋势,可以通过制度改革与政策完善来进一步解决目前担心的问题。

第 11 章　拓展供地主体：探索集体建设用地入市模式

在我国土地资源配置体制市场化改革的进程中，农地承包经营权市场和城镇国有土地使用权市场发育提升了土地利用效率，显化了土地的市场价值。相对于上述两种土地使用权市场，集体建设用地使用权的市场化配置改革缓慢。目前，合法的和灰色的集体建设用地使用权市场普遍存在，已经成为土地资源配置体制中的一股重要力量。国土资源部在苏州、芜湖、湖州、安阳和顺德等地进行了集体建设用地使用权市场化流转的试点工作，探索集体建设用地使用权市场发育的有效模式，并出现了南海模式、苏州模式和芜湖模式（司艳丽，2006）。然而，集体建设用地使用权如何进入市场、市场结构如何构建、收益如何分配等问题仍没有一个根本解决模式。本章对我国集体建设用地使用权市场发育的两种主流模式进行理论归纳，剖析其制度特征与创新障碍。

11.1　集体建设用地使用权市场发育的两种主流模式

根据集体建设用地使用权市场与城镇国有土地使用权市场的关系，可以将现有模式划分为两类：一类是在城镇国有土地使用权市场之外，开辟集体建设用地使用权市场，形成两个相互独立、相互补充的建设用地使用权市场，此类模式以广东南海为代表，我们称之为南海"工业化模式"；另一类是将集体建设用地使用权纳入城镇国有土地使用权市场，形成一个统一市场，这种模式在浙江杭州最早实行，杭州还颁布地方法规加以确定，我们称之为杭州"留用地模式"。这两种模式代表了集体建设用地参与工业化和城镇化进程、分享收益的两种探索方向。

11.1.1 南海"工业化模式"的做法与效果

在工业化过程中,集体土地只有通过征收与征用才能参与工业化进程,这无疑抑制了农村工业化进程并剥夺了集体土地的发展权。沿海地区的快速工业化进程与土地资源稀缺状况为集体土地使用权流转提供了机遇。1992年广东南海集体建设用地使用权开始流转,其动力主要来自三个方面:一是工业化过程中需要大量的建设用地,城镇国有土地不能满足工业发展的需要;二是土地征收过程中存在价值剪刀差,因土地征收而产生的矛盾突出;三是集体建设用地利用效率低下,土地价值未能充分显现(蒋省三,刘守英,2003)。在工业化进程的推动下,南海地区的村集体自发地突破法律法规束缚,开辟集体建设用地使用权市场,具体做法主要有三点。

第一,村集体进行内部土地资源整合。村集体进行"三种用途土地"规划,把土地按照功能划为农田保护区、经济发展区和商住区,在满足村镇建设规划和土地利用规划的前提下,将集体建设用地使用权进行市场化流转。例如,广东南海区罗村镇下泊村通过对本村土地资源的整合,将原有集体土地划分为农业保护区、商住区和工业区,将工业区内的土地用于市场化流转。同时,将集体土地折算成股份,按照本村户籍人口进行股权分配。村集体通过土地股权来换取农民的土地承包权,获取集体土地经营权。村集体承认农民所拥有的土地股权,并按照股权份额进行年末分红。

第二,集体建设用地使用权以出让、出租、转让和抵押四种形式进行市场化流转。为了经营集体土地资产,村集体成立专业公司,负责土地、厂房、商铺等不动产的日常运营工作。集体建设用地使用权流转的决策权属于村民大会,任何土地使用权的交易行为需要得到村民大会的授权。村集体负责道路、水、电等基础设施的建设和维护,并将开发好的土地、厂房和商铺进行出租,获取租金。村集体不直接参与企业投资与经营活动,这降低了土地运营风险,能保证土地收益的稳定性。集体建设用地使用权向市场开放,任何性质和类型的工商企业都可以通过市场交易获取集体建设用地使用权。

第三,土地收益主要留在村集体。村集体出让、出租集体建设用地使用权所取得的土地收益纳入农村集体财产统一管理。其中50%以上存入银行专户,专款用于本集体经济组织成员的社会保障。地方政府在集体建设用地使用权流转过程中,负责规范土地使用权交易行为、发放土地权证、征收土地税费。集体建设用地使用权出让、转让和出租时,需要按照规定向土地行政主管部门申报价格,并依法缴纳有关税费。集体建设用地使用权转让发生增值的,应缴纳土地增值税。

在城镇国有土地使用权市场之外,南海"工业化模式"开辟了新的建设用地使用权市场,承认并维护了农村集体土地的发展权(黄祖辉,汪晖,2002)。村集体可以在不改变土地集体所有权的前提下,流转集体建设用地使用权,将土地用途转变所带来的收益保留在集体内部。经过十多年的探索,南海"工业化模式"已经成为我国集体建设用地使用权市场发育的主流模式,效果显著。

首先,南海"工业化模式"下的集体建设用地使用权流转提升了土地利用效率,一定程度上显化了土地的市场价值。目前,南海 90% 的集体建设用地已经流转,占集体土地的 30%(司艳丽,2006)。集体建设用地单位面积的投资强度和产值都得到了显著提升,土地资产价值不断增加。其次,调整了城乡土地收益分配不平衡的局面。通过经营土地、厂房、商铺等不动产,村集体能够将土地收益长期保留在集体经济组织内部,调整了土地征收过程中城市获取收益多,农村获取收益少的局面。第三,打破国有土地使用权市场的垄断地位。集体建设用地使用权市场的开辟,使得建设用地使用权供给呈现多元化的局面,土地使用者不仅可以选择使用城镇国有土地使用权,而且可以选择成本较低的集体建设用地使用权,还可以在多个集体建设用地使用权供应者之间进行选择。然而,南海"工业化模式"下的集体建设用地使用权流转也面临一些制度困境。由于集体建设用地使用权流转仅停留在地方法规的层面,缺乏国家层面的法律依据,集体建设用地使用权流转一旦发生争议,通常处于无法可依的局面。此外,由于缺乏法律保证,金融机构通常不认可集体建设用地的抵押权,集体土地资产的融资能力弱。

11.1.2 杭州"留用地模式"的做法与效果

"留用地模式"是指政府在征收集体土地时,按照征地面积的一定比例核定留用地指标,村集体可以通过开发和经营留用地来获取长期、稳定的收益。与南海的"工业化模式"不同,杭州"留用地模式"动力来自两个方面:一是快速的城镇化需要将城市区域的农村集体土地征收为城镇国有土地,土地征收和房屋拆迁的数量大;二是传统的征地、拆迁补偿方式不能满足农民的需要,被征地农民失业问题、社会保障问题突出。"留用地模式"的本质是允许村集体利用部分集体土地参与城镇化进程，分享土地用途转变所带来的增值收益，其做法有三点。

第一，将城市规划区内的农村集体土地统一征收为城镇国有用地。杭州市区（不包括萧山区和余杭区）"撤村建居"过程中，只要有农用地被征收就可以获得10%的留用地指标。在城中村改造过程中，即使暂时没有土地被征收，对已经完成"撤村建居"土地利用规划的村，如果有项目建设需要，可以根据村农用地数量按比例预先使用留用地指标，最高不得超过农用地面积的40%。留用地属于城镇国有建设用地，其使用权归村集体所有。在留用地的开发过程中，地方政府负责规划区内道路、水、电等基础工程的建设和维护。

第二，留用地使用权只能通过村集体经营后进行市场化流转。政府明确规定留用地指标只核发给村集体经济组织，不得转让给集体经济组织以外的用地单位或个人。因此，对留用地使用权、不能直接进行出租、出让等市场化交易，而只能由村集体进行开发和经营。留用地的建设项目由村集体自主开发建设或通过招商引资合作开发。对于合作开发的建设项目，村集体必须持有50%以上的股份。留用地的开发、抵押、担保和合作经营，需要得到村民大会的授权，并得到土地管理部门的批准。留用地的经营范围限于商铺、公寓、综合大楼、标准厂房等租赁物业。此外，对留用地上开发的建筑物，原则上不能进行市场化转让。如果确实需要转让，转让部分的土地面积和建筑面积不能超过整个项目用地面积和建筑面积的50%。"留用地模式"下土地使用权的流转形式、范围、使用对象受到多重束缚，市场自由度较低。

第三，留用地的开发经营收益归村集体所有。尽管留用地属于城镇国有土地，土地使用权需要有偿使用，但是政府实行土地出让金返回政策，因此村集体实际上并不需要支付土地出让金。符合城市规划和土地利用规划的建设项目，其经营收益归村集体所有，用以增加被征地农民的经济收入。地方政府按照国有土地使用权的管理模式对留用地实行管理，其项目开发、审批、验收、土地权证发放和土地税费征收与其他国有土地使用权相同。此外，如果村集体改变留用地的用途性，需要按照改变后用途的基准地价扣除原用途基准地价的55%补缴土地出让金。

杭州"留用地模式"的突出特点是在维护现有土地使用权市场的制度安排下，实现了集体建设用地使用权部分和间接的流转，村集体从中获取了一定比例的土地收益。目前,宁波、衢州、广州、佛山等地也在积极推行"留用地模式",其效果主要体现在两个方面:一是维护了现有城镇国有土地使用权市场的合法性和垄断性。留用地使用权通过城镇国有土地使用权市场进行流转,符合现有法律法规的要求,且有利于城市规划、土地利用规划的执行。二是解决了城市扩张过程中征地难、拆迁难的问题。通过对村集体经济的股份化改造,村民作为股民参与收益分红,获得长期、稳定的回报,弥补了征地拆迁过程中"招工安置"、"货币安置"等补偿方式的不足。"留用地模式"的局限性是适用范围仅限于城市规划区域内,并且土地使用权流转的数量、方式、用途受到严格管制,土地价值并不能完全显化。

11.2　集体建设用地使用权市场发育模式的制度特征

无论南海"工业化模式"还是杭州"留用地模式",其本质都是维护农村集体土地的发展权和收益权,改变目前城乡土地权利不平等和土地收益分配不平衡的局面。两种模式在土地所有权、使用权、市场结构等方面呈现不同的制度特征,代表了两种不同的发展方向。

11.2.1　土地所有权与使用权特征

在土地所有权特征上,南海"工业化模式"不改变土地所有权属性,村集体(农民)依然是土地的所有者。通过开辟集体建设用地使用权市场,争取集体土地和国有土地在所有权上的平等地位,从根本上消除计划经济体制下形成的集体土地产权与国有土地产权的等级差异(顾海英,赵德余,2003)。而在土地使用权上,南海"工业化模式"充分拓展集体建设用地使用权的用途、范围和方式,集体建设用地使用权可以通过多种用途、多种方式参与工业化进程。但是,依然限制集体建设用地使用权进入房地产市场,不允许农民宅基地进行市场化交易。因此,并没有实现两种土地使用权的完全平等。同时,南海"工业化模式"维护了国家的土地征用权,在公共基础设施建设、城市区域扩展的过程中,依然可以将农村集体土地征收为城镇国有土地。南海"工业化模式"的所有权和使用权特征可以概括为"留住所有权,放开使用权"。

杭州"留用地模式"则是要改变土地的所有权性质。在城市规划区域内,维持两种土地所有权的既有地位,不允许集体建设用地未经征收程序进入市场。因此,"留用地模式"并没有实现两种土地所有权的平等化。在土地使用权上,村集体可以获得一定比例的留用地使用权。留用地使用权在用途、范围、使用对象上都受到政府的严格管制。杭州"留用地模式"的产权特征是"改变所有权,部分放开使用权"。

尽管两种模式都实现了土地使用权的市场化流转,村集体也获取一定比例的土地收益,但是土地所有权却呈现两种不同的发展方向。总的来说,在城市规划区内改变集体土地的所有权性质,维护城镇国有土地使用权市场的垄断性和正统性;而在农村地区和城市郊区,保留集体土地的所有权。在使用权上,两种模式都有限度地放开集体土地使用权,南海"工业化模式"下使用权呈现更大的自由度,而杭州"留用地模式"下使用权的自由度较小。

11.2.2 土地使用权市场结构特征

在市场结构特征上,南海"工业化模式"开辟了一个与城镇国有土地使用权市场并驾齐驱的建设用地使用权市场。在市场功能定位上,南海"工业化模式"下的集体建设用地使用权市场主要是满足农村发展工商业的需要,盘活集体土地资产。集体建设用地使用权市场与城镇国有土地使用权市场之间既有竞争关系又有互补关系。在工业用地、商业用地等共同拥有的领域,两个市场是相互竞争的。这意味着土地使用者可以从两个市场上来获取建设用地使用权,国有土地使用权市场的垄断局面被打破。而在集体建设用地使用权市场不能或不愿意进入的领域,由城镇国有土地使用权市场供应土地,两个市场之间存在互补性。对于房地产开发所需的土地使用权,依然由城镇国有土地使用权市场垄断供应。此外,两个建设用地使用权市场之间也存在潜在冲突。在利益激励下,集体建设用地使用权会突破用途管制,进入房地产市场。北京郊区数量众多的"小产权"房地产项目就是两个市场冲突的表现。

杭州"留用地模式"则是在城市规划区域内维护城镇国有土地使用权市场的垄断地位。在此模式下,一部分集体土地直接被征收为城镇国有建设用地,另一部分改变权属后变为由村集体经营和使用的留用地(见图 11-1)。杭州"留用地模式"是在城镇国有土地使用权市场内部为村集体经营留用地使用权开辟一席之地,从而把集体建设用地使用权流转行为纳入城镇国有土地使用权市场。在功能定位上,"留用地模式"主要是解决城镇化过程中失地农民的失业和社会保障问题,是一种新的征地补偿方式。

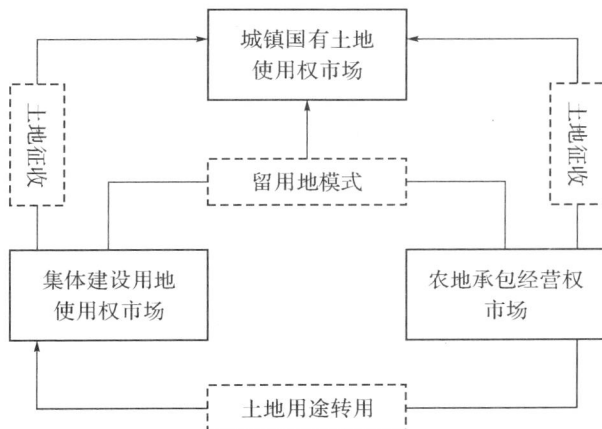

图 11-1 土地使用权市场结构

11.3 集体建设用地使用权市场发育的制度创新屏障

从南海"工业化模式"和杭州"留用地模式"的实行效果来看,集体建设用地使用权市场合法化在土地产权、市场结构和管理机制上还存在制度创新屏障。

11.3.1 产权歧视与价格扭曲

两种模式下集体土地产权的地位都低于国有土地,集体土地产权受到不同程度的歧视。一方面,集体建设用地使用范围小、融资能力差。与国有建设用地相比,两种模式下集体建设用地都不允许进入城市房地产市场,而且集体建设用地抵押权不被认可;另一方面,集体建设用地使用权的稳定性差,容易受到相关利益主体的侵害。对集体建设用地的产权歧视导致的一个重要市场现象,就是集体建设用地使用权的价格扭曲。同样特征的土地使用权,因为所有权性质不同而产生用途、期限上的差异,使得集体建设用地使用权的市场价值难以完全显化(Lin and Ho,2005)。这种因产权歧视所造成的土地价格扭曲,在两种模式下都表现显著。

11.3.2　市场结构安排不清晰

集体建设用地使用权市场提供了新的建设用地供应模式,其合法化需要界定清楚三种土地使用权市场(见图 11-1)的边界、适用区域、使用范围、交易方式和使用对象。然而,南海"工业化模式"和杭州"留用地模式"都是在实践中摸索出来的,缺乏对于土地使用权市场结构的整体性安排。首先,集体建设用地使用权市场和城镇国有土地使用权市场之间的结构关系不清晰。在南海"工业化模式"下,城乡结合部的集体建设用地进入城市房地产市场,这已经是不争的事实,成为两个市场之间利益冲突的焦点。其次,集体建设用地使用权市场和农地承包经营权市场之间缺乏明确界限。集体建设用地使用权市场的发育在一定程度上导致耕地流失,造成农地承包经营权市场混乱。在经济发达的地区,村集体和农民未经审批手续将农用地转变为建设用地的现象经常发生。因此,需要处理好集体建设用地使用权市场和农地承包经营权市场之间的关系,界定清楚集体建设用地使用权市场的使用范围,防止农地过度非农化。

11.3.3　配套管理机制不健全

尽管地方政府纷纷出台集体建设用地使用权流转的法规,但是体制之外的集体建设用地灰色市场仍普遍存在,反映出集体建设用地使用权市场管理机制的缺乏和无效(王小映,2003;王玉堂,1999)。首先,缺乏专业管理平台。南海"工业化模式"下,政府对于集体建设用地使用权市场的管理远远落后于城镇国有土地使用权市场,集体建设用地使用权出让、转让、出租和抵押缺乏明确、透明的程序和对口管理机构。其次,收益分配机制不健全。开辟集体建设用地使用权市场,将对原有的土地利益分配格局产生冲击。集体建设用地使用权市场所实现的土地收益是中央政府、地方政府、集体经济组织、土地开发投资者、土地经营使用者和农民等参与主体共同行为的结果,土地收益应当在相关利益主体之间合理分配(贾生华,张娟锋,2006)。在上述两种模式下,由于政府土地税费征收体系的不完善,所以集体建设用地使用权市场所实现的收益主要留在村集体内部,中央政府和地方政府的土地收益缺乏保障。第三,监督管理机制不健全。集体建设用地使用权市场需要监督机制来调节、控制和管理集体建设用地使用权进入市场的速度、规模和布局,一方面保护农地不被过多侵占,另一方面保持城市房地产市场稳定。

11.4　模式总结与政策启示

南海"工业化模式"和杭州"留用地模式"两种模式为集体建设用地使用权市场的合法化提供了三个方面的政策启示。

11.4.1　开辟一个市场,构建两个平台

集体建设用地使用权市场合法化是提升土地利用效率和实现土地价值的根本途径。参照上述两种模式提供的实际经验,需要根据集体土地所处的区域采用不同的市场模式。首先,在农村地区和城市郊区开辟一个市场,即以国家法律的形式确定集体建设用地使用权市场的合法性。在这个市场上,允许集体建设用地使用权拥有与国有建设用地使用权同等的权利,参与城镇化和工业化,甚至逐步有序进入房地产市场。其次,在城市规划区以及建制镇规划区,开放一个平台,即允许部分集体土地可通过改变性质进入城镇国有土地使用权市场,参与利益分配。通过上述措施,可以为集体建设用地使用权市场化流转提供两个平台。在农村地区和城市郊区,集体土地可以在集体建设用地使用权市场上流转;在城镇规划区,集体土地则可以进入城镇建设用地使用权市场。根据所处区域和土地产权性质,集体经济组织和地方政府可以采用南海"工业化模式"或杭州"留用地模式"。

11.4.2　明确市场功能定位,强化土地用途管制

明确土地使用权市场的功能定位,将集体建设用地使用权市场、城镇国有土地使用权市场和农地承包经营权市场的功能定位清晰化,避免市场之间的无序竞争和利益冲突。城镇国有土地使用权市场的功能是在城镇规划区域内提供所有的经营性和公益性建设用地;在城镇规划区之外,仅提供公益性的建设用地,如道路、桥梁、水库等公共工程用地。集体建设用地使用权市场则可以在农村地区和城镇郊区提供各种类型的经营性用地。因此,经营性建设用地使用权允许两种市场同时提供,可以避免一个市场垄断造成的市场供给不足;而在公益性用地市场上,可以由城镇国有土地使用权市场垄断供给。政府出于"公共利益"的需要,可以征收集体土地。在明确土地使用权市

场功能定位的同时,需要强化政府的土地用途管制功能。当前,一些地方的乡镇政府和村、组集体自行组织编制土地利用规划,随意划定工业园区、居住区和农业园区,导致建设用地使用效率低下和耕地流失。开辟集体建设用地使用权市场,会进一步增强集体经济组织将农用地转为建设用地的利益激励。因此,有必要在土地利用规划编制、审批、执行和监管上实行更加严格的管理。将土地利用总体规划、城镇规划、村镇规划的编制、修改、审批、执行等环节协调起来,通过土地用途管制,实现三个市场的功能定位,形成不同土地使用权市场之间的有序竞争。

11.4.3 健全管理机制,理顺收益分配关系

当前集体建设用地使用权市场相对混乱的原因是:一方面缺乏国家层面的法律法规,另一方面没有健全和有效的管理机制。通过对上述两种模式分析,集体建设用地使用权流转需要在适用区域、功能定位、流转方式、产权证书等方面形成一套简洁、有效的管理程序,并设置相应的专业管理机构。健全的管理机制也是实现收益分配的前提条件。集体建设用地使用权实现市场化配置的过程,也就是集体土地资产价值显化的过程。无论是从建设公开、公正的土地使用权市场秩序出发,还是从保障集体土地收益分配的公平性出发,都要求理顺集体建设用地的收益分配关系(Eddie et al.,2004)。对于已经被占有、使用的存量集体建设用地,可以考虑允许其按照土地出让价格转让土地使用权,但对其土地转让价款要通过税费进行调节,保证村、组集体能够分享到大部分土地收益。同时,中央和地方政府也能获取合理收益。此外,对于村、组集体取得的土地收益,要严格规范收支管理。可以在村民代表大会民主决策的前提下,通过政府监管、银行代管的方式将收益用于农民社会保障、农村基础设施建设。

第 12 章　研究结论与展望

城市土地资源配置体制市场化改革推动了城市经济与房地产市场的繁荣，而"垄断供给"的制度安排造成了中国房地产市场供求失衡、结构失衡与价格失衡的现实问题。课题组在系统梳理土地制度的基础上，对我国土地供给对于住房市场的影响进行了理论与实证研究，形成了研究结论，提出了研究展望。

12.1　研究结论

（1）土地资源配置体制市场化改革推动了我国工业化与城镇化的进程，而地方政府"土地垄断供给"的制度安排造成了高地价与高房价的现实问题。在土地储备制度实施以前，城市土地使用权主要通过使用单位申请，政府通过审批的方式进行资源配置，土地使用者主要通过划拨、协议和拍卖三种方式获得土地，土地配置呈现出管理混乱、渠道分散、生地出让、政府收益少、公平透明性差、价值低估的特点。改革土地资源配置体制成为中央与地方政府的共同诉求。土地储备制度与招拍挂制度在全国范围实施后，形成了地方政府（市、县）垄断辖区内经营性土地供给的局面，强化了地方政府对土地市场的管控能力。一、二级开发相分离的政策，推动地方政府（委托给地方土地储备中心或国有企业）成为所辖城市的土地开发主体，熟地出让与公开竞价方式使得地方政府能够从土地出让中获得巨大收益。在此背景下，高地价、高房价问题逐渐显现，由房地产市场价格信号引发的城市过度扩张与中低收入住房困难成为政府与社会共同关注的问题。

通过一系列的土地制度变革，最终形成了政府垄断所在区域土地供给的局面。地方政府通过强化土地管制能力，对于房地产市场的影响力日益凸显。随着地方财政对于土地收益依赖度的提升，地方政府通过土地供给来影响和控制房地产市场价格走势的意图逐渐显现出来。在宏观市场层面,地方政府对于土地市场的供给量、供给价格、供给结构及政策偏好能够有效影响住房市场的供给量、开发成本、房屋类型与消费预期,进而改变住房市场的长期均衡价格与成交量。在微观层面,在土地出让过程中地方政府有权设定宗地的规划约束条件,通过这些微观约束条件,影响宗地的出让价格,进而对周边项目产生影响。

(2)高地价信号通过预期改变未来房地产市场的发展趋势,并且能够传递到关联市场,形成整体性的价格波动。土地供给需要在实现经济发展、稳定房地产市场、保证政府土地收益与环境可持续等多目标之间寻找平衡,土地配置方式由无偿、协议,再到公开竞价,土地价格是影响城市增长和房地产市场稳定的重要研究议题。课题组利用2009—2011年杭州公开出让土地的出让数据,从三个维度考察了土地竞拍价格的发现过程。区位因素对于土地竞拍价格有显著影响,但是其整体解释力不高。住宅和商业用地价格与距离CBD距离呈现显著的负相关关系,而工业用地价格与距离CBD距离呈现正相关关系,两种不同用地类型呈现不同的地价空间分布。政府对于地块约束条款对于土地竞拍价格有显著影响,地块面积、容积率、起拍价格对土地价格有决定作用。土地竞拍价格在受上述客观因素影响之外,市场环境对于竞拍价格也有显著影响,市场竞争氛围能够影响到开发商的竞价决策,竞价人越多,竞价轮次越多,市场氛围热烈,开发商倾向于给出更高的竞拍价格。

为定量考察土地供给对于住房市场的影响,课题组从宏观层面与微观层面验证了土地供给对住房市场影响的时空效应,利用35个大、中城市的宏观数据,检验了土地供给影响住房供给与价格的存在性、有效程度与时间路径;利用杭州286宗住宅用地微观数据,量化微观管制政策对土地价格的影响方向与程度。结果发现土地供给对住房供给在长期内(1～2年)有显著影响,短期内(1年以内)没有影响;而土地供给对住房价格在长期与短期内都有影响,通过改变预期影响当年住房价格,通过影响住房供给作用于滞后1年的住房价格。宗地出让约束条款能够显著影响宗地的出让价格,容积率每增加1%,会引起土地价格上升0.78%,出让地块面积增加1%会导致单位出让价格下降0.11%。

地价信号一旦产生,会传递到周边住房市场,形成波纹效应。利用事件研究方法,课题组评估了地价信号在住房市场的时空传递效应,分析了地价信号在关联市场的传递效应。利用杭州 2006 年 1 月至 2010 年 3 月的 177 宗住宅用地成交数据和 251 个新建商品住宅楼盘交易数据,借助 GIS 相关软件展开实证研究。研究结果表明:一方面,区域土地出让价格信号引起房价的变化,对房价的影响具有"不对称性",房价变化以出让地块为中心往外扩散,呈现"波纹效应"。另一方面,房价变化具有"持续性",土地出让价格信号对房价的影响持续 4 个月,影响范围达 3km 以上,房价波动强度随时间推移和空间延伸持续渐弱。对此,政府应尽量保持地价平稳,规避地价信号所产生的市场波动风险。

地价信号在影响住房市场的同时,也会传递到证券市场,影响企业的股票收益率。在 Chau(2010)等学者的研究思路基础上,课题组构建了一个综合性的时间窗口分析模型,并利用中国房地产上市公司 20 个城市的 205 宗购置土地样本,设置前向与后向共 8 个事件窗口,定量考察土地市场价格信号对证券市场的影响。结果表明,房地产企业土地购置事件蕴含丰富的新信息,土地市场与证券市场之间存在信号传递过程,且对股票收益率具有短期正向冲击效应。土地出让价格信号对证券市场的影响具有时间上的不对称性,证券市场在土地成交后才会做出积极响应。土地市场的价格信号是关联市场价格波动的信号源,改变竞价人的预期才能形成理性的价格信号,促进关联市场的稳定。房地产企业高价购置土地时需要更加关注后期的市场风险、项目建设与运营风险和政策风险。

(3)房地产市场调控政策能够在短期内对市场产生冲击效应,长期效果不明显。已有的房地产调控政策不能改变房地产市场的整体走势。课题组从全国与城市层面评估了宏观调控政策(含土地政策)对房地产市场的冲击效应。通过建立住房市场量价长期趋势和短期波动模型,将宏观调控政策视为房地产市场发展中的外生干预事件,利用时间序列事件分析模型评估干预事件对住房市场量价的冲击效应。全国层面的分析表明,干预事件短期冲击影响较强,长期持续效果有限,对市场有微调作用,但不能决定市场整体走势;针对供给方的政府干预更容易对住房价格运行产生持续、长期的影响。城市层面的实证结果表明,信贷政策对城市住房价格产生短期脉冲效应,"国八条"和"国六条"对城市房价与交易量有短期和长期冲击效应,但显著性不强。干预政策在不同城市的影响模式存在显著差异性。

(4)分阶段、分层次、有计划地推动土地市场与住房市场改革,逐步建立起房地产市场的长效治理机制。调整土地供给制度是改变我国房地产市场供求失衡的治本之策。基于土地供给与住房需求相匹配、宏观政策与微观政策相结合、长期制度与短期政策相结合的出发点,课题组提出了两个方面的政策建议。

在宏观方面,制订并公开土地储备与供给计划,稳定市场预期。①增强土地储备透明度,科学制并公开5年土地储备计划,明确未来城市拓展的区域与空间,稳定土地供给预期。②增强土地供给可预期性,编制4+1(年度)土地供给计划,明确未来房地产用地供给的数量与区位,稳定城市居民的消费预期。政府土地供给政策的稳定与可预期,开发商就没有必要在一块土地上进行过度竞争,有利于消除目前开发商在热点地块上的过度竞争,制造"地王"冲击房地产市场的局面。③丰富土地供给渠道,引入"勾地"制度,增加土地供给弹性。逐步推广"勾地"制度,增加房地产建设用地的供给弹性,实现供给与需求相匹配。④规范土地收入使用制度,弱化地方政府"以地生财"的动机。土地出让收入及房地产税收收入成为地方政府的重要财政来源,土地一级开发也成为地方政府融资的重要平台,存在巨大风险。规范土地收入基金及其使用制度,形成公众监督下土地收入使用制度。借鉴香港的做法,每年出台土地出让收入使用年报,接受公众舆论监督,让市民知道土地收入开支项目、使用范围和使用绩效,有利于消除公众对于"地王"现象的不满,实现土地收入来自于公众、回馈给公众的目的。

在微观层面,简化审批程序和强化开发流程监督。①形成土地供给到项目开发的全流程监管系统。土地获取阶段,严格土地出让条件,规范交易环节。项目审批阶段,规定项目审批期限,提升行政效率。项目建设阶段,强化建设流程监管,约束企业行为。项目销售阶段,规范企业销售行为,加速住房供给。②推行宗地出让配建方式,确保土地收益用于政策性住房建设。在宗地出让中明确配建比例,将土地出让收益直接转移到保障性住房建设,缓解城市中低收入家庭住房困境。依据城市房地产市场情况,增加配建比例,弱化宗地出让中的"地王效应",避免对周边楼盘的冲击。

(5)破除地方政府垄断局面,允许农村建设用地进入房地产市场,建立城乡统一的土地与住房市场。垄断产生暴利,竞争提供动力。课题组对如何破除土地垄断与开辟集体土地市场进行了理论探讨与案例研究。土地使用权市场是我国土地资源配置体制市场化改革的主要成果,有效提升了土地利用效率,显化了土地价值。而城乡土地权利不平等和土地收益分配不平衡成为诸多矛盾的根源。集体建设用地灰色市场是土地资源配置体制中的一股重要力量。开辟并规范管理集体建设用地使用权市场符合土地资源配置体制市场化改革的内在逻辑,是中国土地制度创新的战略选择。

南海"工业化模式"和杭州"留用地模式"是集体建设用地使用权市场发育的两种主流模式。"工业化模式"开辟了新的建设用地使用权市场,使得集体经济组织成为主要的受益者;"留用地模式"则在维护现有土地使用权市场的制度安排下,为集体土地参与城市化建设开辟道路。集体建设用地使用权市场上还存在产权歧视,市场关系结构不清晰,纠纷解决机制不健全三种制度屏障。上述两种模式为集体建设用地使用权市场的合法化提供了三个方面的政策启示:一是开辟一个市场,构建两个平台;二是明确市场功能定位,强化土地用途管制;三是健全管理机制,理顺收益分配关系。

通过对土地制度、住房市场与制度变革的探索,本书的学术价值体现在三个方面:一是定量考察了土地供给对住房市场的影响方向与程度,从理论上证明了土地供给对住房市场影响的存在性和滞后性,为正确认识和理解土地与住房问题提供了理论依据。二是从微观层面将土地价格信号对住房市场与资本市场的影响进行量化分析,从而从理论上解释了高地价对住房市场与资本市场的影响的时空效应。三是从理论与实践两个视角论证了开辟集体建设用地的可行性与必要性,为推动土地制度变革与住房市场的持续平稳发展提供了理论支持。

12.2　研究展望

推动城乡土地与住房市场的一体化是一项长期并具有战略性的改革,需要突破的障碍与困难较多,因此,需要更多的理论与实证研究,为政策探索提供理论支撑。

(1)允许农村集体建设用地进入房地产市场是否会对现有城镇房地产市场构成冲击。城乡二元体制是计划经济下的产物,破除土地与住房市场的城乡分割是未来改革的方向。允许集体建设用地(不包括集体所有的农业用地)进入房地产市场还存在很多的争议,放开这种控制权是否会对现有的城镇住房市场形成重大冲击,是学者与产业界关心的问题。笔者认为这种冲击和影响是必然存在的,需要评估冲击的范围与程度,研究弱化冲击的政策与措施,而并不能因为这种影响的存在,导致实践上停滞不前。国土资源部通过试点工作,已经确立了集体建设用地使用权入市的办法,这种入市限制在非房地产领域。可以在此基础上,通过试点放宽入市范围,总结模式,为理论研究提供案例。

(2)允许集体建设用地进入房地产市场是否会威胁到耕地安全。耕地保护是我国的一项基本国策,允许集体建设用地进入房地产市场,是否会导致新一轮的"圈地运动",是否会影响到我国的粮食安全,是需要进一步探索的重要问题。课题组认为,放开市场并不会影响到耕地安全,有两个方面的原因:一方面,我国有严格的土地用途管制制度,农用地(耕地)的用途转变有严格的审批程序。如果管制制度是有效的,就不存在这类问题;如果是无效的,即使不允许集体建设用地进入房地产市场,也会存在大量的隐形市场(城市周边的小产权房现象)。另一方面,在人口总量既定的情况下,对于住房的需求是有限的,市场不会无限制地开发与建设住房。目前来看,我国城镇住房存量偏多,空置率上升。在此背景下,允许集体建设用地进入房地产市场,开发商会持更加审慎的态度进入农村土地市场。当然,放开集体建设用地市场,需要有序、稳步地推进。例如,可以首先允许集体建设用地参与保障房的建设,在形成合理的政策支持与管控体系后,再全面放开。

(3)形成合理的利益分配与协调机制是下一步探索的重要课题。集体建设用地使用权市场相对混乱的原因有两个:一方面缺乏国家层面的法律法规,另一方面没有健全和有效的管理机制。集体建设用地使用权流转需要在适用区域、功能定位、流转方式、产权证书等方面形成一套简洁、有效的管理程序,并设置相应的专业管理机构。健全的管理机制也是实现收益分配的前提条件。集体建设用地使用权实现市场化配置过程,也就是集体土地资产价值显化过程。无论是从建设公开、公正的土地使用权市场秩序出发,还是从保障集体土地收益分配的公平性出发,都要求理顺集体建设用地的收益分配关系。对于已经被占有、使用的存量集体建设用地,可以考虑允许其按照土地出让价格转让土地使用权,但对其土地转让价款要通过税费进行调节,保证村、组集体能够分享到大部分土地收益,同时,中央政府和地方政府也能获取合理收益。此外,对于村、组集体取得的土地收益,要严格规范收支管理。可以在村民代表大会民主决策的前提下,通过政府监管、银行代管的方式用于农民社会保障、农村基础设施建设。

（4）明确市场功能定位，探索更加有效的土地用途管制模式。明确土地使用权市场的功能定位，将集体建设用地使用权市场、城镇国有土地使用权市场和农地承包经营权市场的功能定位清晰化，避免市场之间的无序竞争和利益冲突。城镇国有土地使用权市场的功能是在城市规划区域内提供所有的经营性和公益性建设用地；在城市规划区之外，仅提供公益性的建设用地，如道路、桥梁、水库等公共工程用地。集体建设用地使用权市场则可以在农村地区和城市郊区提供各种类型（含房地产）的经营性用地。因此，经营性建设用地使用权允许两种市场同时提供，可以避免一个市场垄断造成的市场供给不足；而在公益性用地市场上，可以由城镇国有土地使用权市场垄断供给。政府出于"公共利益"的需要，可以征用集体土地。在明确土地使用权市场功能定位的同时，需要强化政府的土地用途管制功能。开辟集体建设用地使用权市场，会进一步增强集体经济组织将农用地转为建设用地的利益激励。因此，有必要在土地利用规划编制、审批、执行和监管上实行更加严格的管理。将土地利用总体规划、城市规划、村镇规划的编制、修改、审批、执行等环节协调起来，通过土地用途管制，实现三个市场的功能定位，形成不同土地使用权市场之间的有序竞争。

参考文献

［美］阿瑟·奥沙利文.2003. 城市经济学(第四版)［M］.北京:中信出版社.

［英］保罗·切希尔,［美］埃德温·S.米尔斯.2003. 区域和城市经济学手册·第3卷［M］.北京:经济科学出版社.

陈真诚.2008. 土地"流拍"或是地价下降征兆［J］.城市开发,(1):66-67.

戴卫平,顾海英.2005. 竞标地价和协议地价:土地批租市场中的定价机制研究［J］.西北农林科技大学学报(社会科学版),(5):78-81.

丁成日.2008. 城市经济与城市政策.北京:商务印书馆.

高波,毛丰付.2003. 房价与地价关系的实证检验:1999—2002［J］.产业经济研究,(3):19-22.

顾海英,赵德余.2003. 农村集体建设用地流转的法律与产权问题［J］.农业经济问题,(10):63-66.

华伟,侯雨茜.2009. 遏制地王与囤地现象的应对之策［J］.探索与争鸣,(12):68-71.

黄方亮,孟祥仲.2007. 价格信号发现机理的理论史分析［J］.理论学刊,(12):53-56.

黄祖辉,汪晖.2002. 公共利益性质的征地行为与土地发展权补偿［J］.经济研究,(5):66-71.

贾生华,张娟锋.2006. 土地资源配置体制中的灰色土地市场分析［J］.中国软科学,(3):17-24.

蒋省三,刘守英.2006. 打开征地制度改革的新窗口——从广东《集体建设用地使用权流转管理办法》说起［J］.学习月刊,(1):22-23.

蒋省三,刘守英.2003. 土地资本化与农村工业化——广东省佛山市南海经济发展调查［J］.管理世界,(11):87-97.

况伟大.2005. 房价与地价关系研究:模型及中国数据检验［J］.财贸经济,(11):56-64.

林丹.2010. 基于城乡协调发展的征地补偿制度改革[D]. 福建师范大学硕士论文.

刘琳,刘洪玉.2003. 地价与房价关系的经济学分析[J]. 数量经济技术经济研究,(7):27-30.

刘民权,孙波.2009. 商业地价形成机制,房地产泡沫及其治理[J]. 金融研究,(10):22-37.

罗丹等.2004. 不同农村土地非农化模式的利益分配机制比较研究[J]. 管理世界,(9):87-96.

罗罡辉,吴次芳,郑娟尔.2007. 宗地面积对住宅地价的影响[J]. 中国土地科学,(5):66-69.

秦波,孙亮.2010. 容积率和出让方式对地价的影响——基于特征价格模型[J]. 中国土地科学,(3):70-74.

任超群,张娟锋,贾生华.2011. 土地出让价格信号对区域新建商品住宅价格的影响[J]. 中国土地科学,25(7):60-66.

任超群,张娟锋,贾生华,等.2013. 土地出让价格信号引起的房价变化时空扩散研究[J]. 地理研究,32(6):1121-1131.

任荣荣,郑思齐.2008. 办公与居住用地开发的空间结构研究——价格梯度、开发数量与开发区位[J]. 地理科学进展,(3):119-126.

施钰.2010. 拍卖引发赢者诅咒现象的现实探讨[J]. 人民论坛,(1):96-97.

史美景,邱长溶.2007. 股指期货对现货市场的信息传递效应分析[J]. 当代经济科学,(4):27-32.

司艳丽.2006. 论集体建设用的使用权流转的法律制度[D]. 北京:中国政法大学博士论文:38-60.

宋勃,高波.2007. 房价与地价关系的因果检验:1998—2006[J]. 当代经济科学,29(1):72-78.

汤建中.1995. 上海 CBD 的演化和职能调整[J]. 城市规划,(3):35-38.

王保才.2009.我国地王频现的原因分析及政策研究[J]. 现代经济信息,(1):276-277.

王小映.2003. 全面保护农民的土地财产权益[J]. 中国农村经济,(10):9-16.

王玉堂.1999. 灰色土地市场的博弈分析:成因、对策与创新障碍[J]. 管理世界,(2):159-177.

温海珍,贾生华.2004.住宅的特征与特征的价格——基于特征价格模型的分析[J].浙江大学学报(工学版),(10):1338-1342.

温海珍,吕雪梦,张凌.2010.房价与低价的内生性及其互动影响——基于联立方程模型的实证分析[J].财贸经济,(2):124-129.

严金海.2006.中国的房价与地价:理论、实证和政策分析[J].数量经济技术经济研究,(1):17-26.

杨赞,甄怀攀,任荣荣.2011.招拍挂机制下的地价形成机理分析——以北京市为例的实证研究[J].价格理论与实践,(4):40-41.

郑娟尔,吴次芳.2006.地价与房价的因果关系-全国和城市层面的计量研究[J].中国土地科学,20(6):31-37.

郑秋红,岑仲迪.2010.“地王”现象的实物期权分析[J].浙江万里学院学报,23(5):6-8.

Abraham J M, Hendershott P H. 1996. Bubbles in metropolitan housing markets[J]. Journal of Housing Research,7(2):191-207.

Alexander C,Barrow M. 1994. Seasonality and cointegration of regional house prices in the UK[J]. Urban Studies,31(10):1667-1689.

Alonso W. 1964. Location and land use:toward a general theory of land rent [M]. Cambridge:Harvard University Press.

Ambrose B W. 2005. Forced development and urban land prices [J]. Journal of Real Estate Finance and Economics,30(3):245-265.

Amidu A R,Agboola A O. 2009. Empirical evidence of the influences on first-price bid auction premiums [J]. International Real Estate Review,12(2):157-170.

Asabere P K,Huffman F E. 2001. Building permit policy and land price distortions:Empirical evidence [J]. Journal of Housing Economics,10(1):59-68.

Barkham R,Geltner D. 1995. Price discovery in American and British property markets [J]. Real Estate Economics,23(1):21-44.

Barkham R J B. 1996. Price discovery and efficiency in the UK housing market [J]. Journal of Housing Economics,5(3):41-46.

Barlow J. 1993. Controlling the housing land market: Some examples from Europe [J]. Urban Studies, 30(7): 1129-1149.

Berg L. 2002. Prices on the second-hand market for Swedish family houses: Correlation causation and determinants [J]. European Journal of House Policy, 2(1): 1-24.

Bible D S, Hsieh C, Joiner G, et al. 2002. Environmental effects on residential property values resulting from the contamination effects of creosote plant site [J]. Property Management, 20(5): 383-391.

Bramley G. 1993. The impact of land-use planning and tax subsidies on the supply and price of housing in Britain [J]. Urban Studies, 30(3): 5-29.

Brown S, Warner J. 1980. Measuring security price performance[J]. Journal of Financial Economics, 8(3): 205-258.

Brown S, Warner J. 1985. Using daily stock returns: The case of event studies [J]. Journal of Financial Economics, 14(3): 3-31.

Brueckner J K. 1990. Growth controls and land values in an open city [J]. Land Economics, 66(3): 237-248.

Brueckner J K. 1995. Strategic control of growth in a system of Cities. Journal of Public Economics, 57(3): 393-416.

Capozza D R, Helsley R W. 1989. The fundamentals of land prices and urban growth [J]. Journal of Urban Economics, 26(3): 295-306.

Capozza D R, Helsley R W. 1990. The stochastic city [J]. Journal of Urban Economics, 28(2): 187-203.

Capozza D R, Hendershott P H, Mack C. 2004. An anatomy of price dynamics in illiquid markets: Analysis and evidence from local housing markets [J]. Real Estate Economics, 32(1): 1-32.

Carr J, Smith L B. 1975. Public land banking and the price of land [J]. Land Economics, 51(4): 316-330.

Case F E, Gale J. 1981. The impact of housing costs on the California coastal zone conservation act [J]. Journal of the American Real Estate and Urban Economics Association, 9(4): 345-366.

Case K E, Shiller R J. 1989. The efficiency of the market for single-family homes [J]. American Economic Review, 79(1): 125-137.

Chan R C K, Shimou Y. 1999. Urbanization and sustainable metropolitan development in China: Patterns, problems and prospects [J]. Geo Journal, 49(3): 269-277.

Chau K W, MacGregor B D, Schwann G M. 2001. Price discovery in the Hongkong real estate market [J]. Journal of Property Research, 18 (3): 187-216.

Chau K W, Wong S K, Yiu C Y, et al. 2010. Do unexpected land auction outcomes bring new information to the real estate market? [J]. The Journal of Real Estate Finance and Economics, 40(4): 480-496.

Chau K W. 1997. Political uncertainty and the real estate risk premium in Hongkong [J]. Journal of Real Estate Research, 13(3): 297 – 315.

Chau K W. Wong S K, Yiu C Y. 2003. Price discovery function of forward contracts in the real estate market: An empirical test [J]. Journal of Financial Management of Property Construction, 8(3): 129-138.

Chen M W, David R C, Moore W T. 2007. Deregulation, news releases, and price discovery[J]. Journal of Regulatory Economics, 31(3): 289-312.

Cheshire P, Sheppard S. 2004. Land markets and land market regulation: Progress towards understanding [J]. Regional Science and Urban Economics, 34(6): 619-637.

Cheshire P, Sheppard S. 2005. The introduction of price signals into land use planning decision-making: A proposal[J]. Urban Studies, 42(4): 647-663.

Cheshire P, Sheppard S. 2002. The welfare economics of land use planning [J]. Journal of Urban Economics, 52(2): 242-269.

Chiang Y H, Tang B S, Yeung S C W. 1999. Real option premium in Hongkong land prices[J]. Journal of Property Investment & Finance, 24(3): 239-258.

Chien M S. 2010. Structural breaks and the convergence of regional house prices [J]. Journal of real estate finance and economics, 40(1): 77-88.

Ching S, Fu Y. 2003. Contestability of the urban land market: an event study of Hongkong land auctions [J]. Regional Science and Urban Economics, 33(6): 695-720.

Chiu R L H. 2007. Planning, Land and affordable housing in Hongkong [J]. Housing Studies, 22(1): 63-81.

Cho M. 1997. Congestion effects of spatial growth restrictions: A model and empirical analysis[J]. Real Estate Economics, 25(3): 409-438.

Choy S K, Zhang H. 2010. Trading costs and price discovery [J]. Review of Quantitative Finance and Accounting, 34(1): 37-57.

Clapp J M, Tirtiroglu D. 1994. Positive feedback trading and diffusion of asset price changes: Evidence from housing transactions [J]. Journal of Economic Behavior and Organization, 24(3): 337-355.

Clapp J M, Dolde W, Tirtiroglu D. 1995. Imperfect information and investor inferences from housing price dynamics [J]. Real Estate Economics, 23(3): 239-269.

Colwell P F. 1997. The structure of urban land prices [J]. Journal of Urban Economics, 41(3): 321-336.

Cook S. 2005. Regional house price behavior in the UK: Application of a joint testing procedure[J]. Physica A, 345(4): 611-621.

Copeland L S, Stapleton R C. 1993. Information, interest rates, and the volatility of asset prices [J]. Review of Quantitative Finance and Accounting, 3(1): 99-115.

Courant P N. 1976. On the effects of fiscal zoning on land and housing values [J]. Journal of Urban Economics, 3(1): 88-94.

Crecine J P, Davis O A, Jackson J E. 1976. Urban property markets: Some empirical results and their implications for municipal zoning [J]. Journal of Low Economics, 10: 111-132.

Davies G W. 1997. A model of the urban residential land and housing markets [J]. The Canadian Journal of Economics, 10(3): 393-410.

Davis T. 2011. Supply, Demand: Exposing the illicit trade in Cambodian antiquities through a study of Sotheby's auction house [J]. Crime, Law and Social Change, 56(2): 155-174.

Dearborn D C, Simon H A. 1958. Selective perception: A note on the departmental identifications of executives [J]. Sociometry, 21 (2): 140-144.

Deininger K, Jin S. 2005. The potential of land rental markets in the process of economic development: Evidence from China [J]. Journal of Development Economics, 78(1): 241-270.

Deng F F. 2005. Public land leasing and the changing roles of local government in urban China [J]. The Annals of Regional Science, 39 (5): 353-373.

Ding C. 2003. Land policy reform in China: Assessment and prospects [J]. Land Use Policy, 20(2): 109-120.

Dolde W, Tirtiroglu D. 1997. Temporal and spatial information diffusion in real estate price changes and variances [J]. Real estate economics, 4 (25): 539-565.

Dowall D, Landis J D. 1982. Land use controls and housing costs: An examination of San Francisco bay area communities [J]. Journal of the American Real Estate and Urban Economics Association, 10(1): 67-93.

Du H, Ma Y, An Y. 2011. The impact of land policy on the relation between housing and land prices: evidence from China[J]. The Quarterly Review of Economics and Finance, 51(1): 19-27.

Eddie C H, Vivian S H, David K H. 2004. Land value capture mechanisms in Hongkong and Singapore: A comparative analysis [J]. Journal of Property Investment & Finance, 22(1): 76-100.

Eddie C H, Vivian S H, David K H. 2004. Land value capture mechanisms in Hongkong and Singapore: A comparative analysis[J]. Journal of Property Investment & Finance, 22(4): 76-100.

Elliott M. 1981. The impact of growth control regulations on housing prices in California [J]. Journal of the American Real Estate and Urban Economics Association, 9(2): 115-133.

Emmi C P, Magnusson L. 1995. Further evidence on the accuracy of residential vacancy chain models [J]. Urban Studies, 32(8): 1361-1367.

Evans A W. 1996. The impact of land-use planning and tax subsidies on the supply and price of housing in Britain: A comment [J]. Urban Studies, 33(3): 581-585.

Eves C. 2002. The long-term impact of flooding on residential property values [J]. Property Management, 20(4): 214-227.

Fama E F. 1991. Efficient capital markets [J]. Journal of Finance, 46(5): 1575-1617.

Fama E, Fisher L, Jensen M, et al. 1969. The adjustment of stock prices to new information[J]. International Economic Review, 10(1): 1-21.

Follain J R. 1979. The price elasticity of long-run supply of new housing [J]. Land Economics, 55(2): 190-199.

Galal A, Razzaz O. 2001. Reforming land and real estate markets[J]. World Bank Policy Research Working Paper, 6.

Gamble H B, Downing R H. 1982. Effects of nuclear power plants on residential property values [J]. Journal of Regional Science, 22 (4): 457-478.

George C, Lin S, Samuel P S Ho. 2005. The state, land system, and land development processes in contemporary China [J]. Annals of the Association of American Geographers, 95(2): 411-436.

Giliberto M S. 1990. Equity real estate investment trusts and real estate returns [J]. The Journal of Real Estate Research, 5(2), 259-264.

Giliberto M S. 1993. Measuring real estate returns: The hedged REIT index [J]. The Journal of Portfolio Management, 19(3), 94-99.

Giussani B, Hadjimatheou G. 1997. Modeling regional house prices in the UK [J]. Journal of Financial Intermediation, 44(3): 225-246.

Glaeser E L, Gyourko J, Saks R E. 2005. Why have housing prices gone up? [J]. American Economic Review, 95(2): 329-333.

Glascock J, Karafiah I. 1995. Statistical inference in event studies using multiple regression [J]. Alternative ideas in real estate investment, 2: 177-189.

Gleeson M E. 1979. Effects of an urban growth management system on land values [J]. Land Economics, 55(3): 350-365.

Good S L, Hammond C M. 2006. Real estate auctions-legal concerns for an increasingly preferred method of selling real property [J]. The Real Property, Probate and Trust Journal, 40(4): 765-824.

Goodman A C. 1988. An econometric model of housing price, permanent income, tenure choice and housing demand [J]. Journal of Urban Economics, 23(3): 327-353.

Green R K, Hendershott P. 1996. Age, housing demand, and real house prices [J]. Regional Science and Urban Economics, 26(5): 465-480.

Grimes A, Liang Y. 2009. Spatial determinants of land prices: Does Auckland's metropolitan urban limit have an effect? [J]. Applied Spatial Analysis and Policy, 2(1): 23-45.

Grovenstein R A, Kau J B, Munneke H J. 2011. Development value: A real options approach using empirical data [J]. The Journal of Real Estate Finance and Economics, 43(3): 321-335.

Gwin C R, Ong S E, Spieler A C. 2005. Auctions and land values: An experimental analysis [J]. Urban Studies, 42(12): 2245-2259.

Hannah L, Kim K H, Mills E S. 1993. Land use controls and housing prices in Korea [J]. Urban Studies, 30(1): 147-156.

Hasbrouck J. 1995. One security, many markets: Determining the contributions to price discovery [J]. Journal of Finance, 50(4): 1175-1199.

Hausman J A. 1978. Specification tests in econometrics[J]. Econometrica, 46 (6): 1251-1271.

He L T, Myer C N, Webb J R. 1998. The impacts of Tiananmen Square events on Hongkong real estate and non-real estate wealth [J]. Journal of Real Estate Finance and Economics, 16(3): 289-299.

He L T. 1998. Co-integration and price discovery between equity and mortgage REITs [J]. Journal of Real Estate Research, 16(3): 327-338.

Ho L S, Ma Y, Haurin D R. 2008. Domino effects within a housing market: The transmission of house price changes across quality tiers [J]. Journal of Real Estate Finance and Economics, 37(4): 299-316.

Holly S, Pesaran M H, Yamagata T. 2011. The spatial and temporal diffusion of house prices in the UK [J]. Journal of urban economics, 69(1): 2-23.

Holway J M, Burby R J. 1990. The effects of floodplain development controls on residential land values [J]. Land Economics, 66(3): 259-271.

Hong Y H. 1998. Transaction costs of allocation increased land value under public leasehold systems: Hongkong [J]. Urban Studies, 35(9): 1577-1595.

Hu S, Cheng Q, Wang L, et al. 2012. Multifractal characterization of urban residential land price in space and time [J]. Applied Geography, 34: 161-170.

Hui E C M, Ho V S M. 2004. Land value capture mechanisms in Hongkong and Singapore: A comparative analysis [J]. Journal of Property Investment & Finance, 22(1): 76-100.

Hui E C M, Lam M C M, Ho V S M. 2006. Market disequilibrium and urban land shortages: Analysis of policy and patterns in Hongkong [J]. Journal of Urban Planning and Development, 132(2): 80-88.

Idee T, Iwata S, Taguchi T. 2011. Auction price formation with costly occupants: Evidence using data from the Osaka District Court [J]. The Journal of Real Estate Finance and Economics, 42(1): 84-98.

Ihlanfeldt K R. 2007. The effect of land use regulation on housing and land price [J]. Journal of Urban Economics, 61(3): 420-435.

Jim C. 1997. Are housing price cycles driven by irrational expectations? [J]. Journal of Real Estate Finance and Economics, 14(3): 341-363.

Joe T W, Eddie C M H, William S, et al. 2005. A study of the Hongkong property market: Housing price expectations [J]. Construction Management and Economics, 23(7): 757-765.

John H K, Dan L. 1986. The winner's curse and public information in common value auctions [J]. The American Economic Review, 76(5): 894-920.

John M Q. 1999. Real estate prices and economic cycles [J]. International

Real Estate Review, 2(1): 1-20.

Katz L, Rosen K. 1987. The interjurisdictional effects of growth controls on housing prices [J]. Journal of Law and Economics, 30(1): 149-160.

Krainer J, Spiegel M M, Yamori N. 2010. Asset price persistence and real estate market illiquidity: Evidence from Japanese land values [J]. Real Estate Economics, 38(2): 171-196.

Lai L W C, Chau K W, Ho D C W, et al. 2006. Impact of political incidents, financial crises, and severe acute respiratory syndrome on Hongkong property buyers [J]. Environment and Planning B: Planning and Design, (3): 413-433.

Lai N, Wang K. 1999. Land-supply restrictions, development strategies and housing policies: The case in Hongkong [J]. International Real Estate Review, 2(1): 143-159.

Li K, Yao S, Yu L. 2009. Community property auction, Nash bidding rule and China's rural economic reform [J]. Pacific Economic Review, 14(5): 682-693.

Lillydahl J H, Singell L D. 1987. The effects of growth management on the housing market: A review of theoretical and empirical evidence [J]. Journal of Urban Affairs, 9(1): 63-77.

Lin G, Ho S. 2005. The sate, land system, and land development processes in contemporary China [J]. Annals of the Association of American Geographers, 95(2): 411-436.

Lowry I. 1960. Filtering and housing standard: A conceptual analysis [J]. Land Economic, 36(4): 362-370.

Lum S K, Sim L L, Malone-Lee L C. 2004. Market-led policy measures for urban redevelopment in Singapore [J]. Land use policy, 21(1): 1-19.

MacDonald R, Taylor M. 1993. Regional house prices in Britain: Long-run relationships and short run dynamics [J]. Scottish Journal of Political Economy, 40(1): 43-55.

Malatesta P. 1986. Measuring abnormal performance: The event parameter approach using joint generalized least squares [J]. Journal of Financial and Quantitative Analysis, 21(1): 27-38.

Malpezzi S, Wachter S. 2005. The role of speculation in real estate cycles [J]. Journal of Real Estate Literature, 13(2): 143-164.

Mankiw G N, Weil D N. 1989. The baby boom, the baby bust and the housing market [J]. Regional Science and Urban Economics, 19(3): 235-258.

Manning C A. 1989. Explaining intercity home price differences [J]. Journal of Real Estate Finance and Economics, 2(2): 131-149.

Manning C A. 1988. The determinants of intercity home building site price differences [J]. Land Economics, 64(1): 1-14.

Marullo S. 1985. Housing opportunities and vacancy chains [J]. Urban Affairs Quarterly, 20(3): 364-388.

Maser S M, Richer W H, Rosett R N. 1977. The effects of zoning and externalities on the price of land: An empirical analysis of Monroe County, New York [J]. Journal of Low Economics, 20(1): 111-132.

McMillen D P, Mcdonald J F. 1993. Could zoning have increased land values in Chicago? [J]. Journal of Urban Economics, 33(2): 167-188.

McMillen D P, Mcdonald J F. 1991. Urban land value functions with endogenous zoning [J]. Journal of Urban Economics, 29(1): 14-27.

Meen G. 1999. Regional house prices and the ripple effect: A new interpretation [J]. Housing Studies, 14(6): 733-753.

Mintzberg H A, Raisinghani D, Theoret A. 1976. The structure of unstructured decision processes [J]. Administrative Science Quarterly, 21(2): 246-275.

Mirrlees J A. 1972. The optimum town [J]. Swedish Journal of Economics, 74(1): 114-135.

Monk S, Whitehead C M E. 1999. Evaluating the economic impact of planning controls in the United Kingdom: Some implications for housing [J]. Land Economics, 75(1): 74-93.

Monk S, Whitehead C M E. 1996. Land supply and housing: A case-study [J]. Housing Studies, 11(3): 407-423.

Moss R G, Schneider S H. 1996. Characterizing and communicating scientific uncertainty: Building on the IPCC second assessment [J]. Elements of Change, Aspen Global Change Institute, 90-135.

Munro M, Tu Y. 1996. The dynamics of UK national and regional house prices [J]. Review of Urban and Regional Development Studies, 8(2): 186-202.

Murdoch J C, Singh H, Thayer M. 1993. The impact of natural hazards on housing values: The Loma Prieta earthquake [J]. Journal of the American Real Estate and Urban Economics Association, 21(2): 167-184.

Muth R F. 1971. The derived demand for urban residential land [J]. Urban Studies, 8(3): 243-254.

Myer F C N, Webb J R. 1994. Ranking the performance of commingled real estate funds [J]. Working Paper, Cleveland State University, 1.

Nagahata T, Saita T, Sekine, Tachibana T. 2004. Equilibrium land prices of Japanese prefectures: A panel cointegration analysis [J]. Bank of Japan working paper series, 7.

Needham B. 1992. A theory of land prices when land is supplies publicly: The case of the Netherlands [J]. Urban Studies, 29(5): 669-686.

Newell G, Chau K W. 1996. Linkages between direct and indirect property performance in Hong Kong [J]. Journal of Property Finance, 7(4), 9-29.

Ohls J C, Weisberg C R, White M J. 1974. The effect of zoning on land value [J]. Journal of Urban Economics, 1: 824-844.

Ooi J T L, Sirmans C F, Turnbull G K. 2011. Government supply of land in a dual market [J]. Real Estate Economics, 39(1): 167-184.

Ooi J T L, Sirmans C F, Turnbull G K. 2006. Price formation under small numbers competition: Evidence from land auctions in Singapore [J]. Real Estate Economics, 34(1): 51-76.

Ozanne L, Thibodeau T G. 1983. Explaining metropolitan housing price differences [J]. Journal of Urban Economics, 13(1): 51-66.

Peng R, Wheaton W C. 1994. Effects of restrictive land supply on housing in Hongkong and econometric analysis [J]. Journal of Housing Research, 5(2): 262-291.

Pollakowski H O, Ray R S. 1997. Housing price diffusion patterns at different aggregation levels: An examination of housing market efficiency [J]. Journal of Housing Research, 8(1): 107-124.

Pollakowski H O, Wachter S. 1990. The effect of land use constraint on housing prices [J]. Land Economics, 66(3): 315-324.

Potepan M. 1996. Explaining inter metropolitan variation in housing prices, rents and land prices [J]. Real Estate Economics, 24(2): 219-245.

Pryce G. 1999. Construction elasticities and land availability: A two stage least-squares model of housing supply using the variable elasticity approach [J]. Urban Study, 36(13): 2283-2304.

Quigley J M, Raphael S. 2005. Regulation and the high cost of housing in California [J]. American Economic Review, 95(2): 323-328.

Reichert A K. 1997. Impact of a toxic waste superfund site on property values [J]. Appraisal Journal, 65(4): 381-392.

Renaud B. 1987. Another look at housing finance in developing countries [J]. Cities. 4 (1): 28-34.

Riley J G, Samuelson W F. 1981. Optimal auctions [J]. American Economic Review, 71(3): 381-392.

Roehner B M. 1999. Spatial analysis of real estate price bubbles: Paris 1984—1993[J]. Regional science and urban economics, 29(1): 73-88.

Rolleston B S. 1987. Determinants of restrictive suburban zoning: An empirical analysis [J]. Journal of Urban Economics, 21(1): 1-21.

Salinger M. Standard errors in event studies [J]. Journal of Financial and Quantitative Analysis, 2009, 27(1): 39-53.

Sands G. 1977. A vacancy transfer model of the structure of the local housing market [J]. Real Estate Economics, 5(1): 128-138.

Schreiber P S, Schwartz R A. 1986. Price discovery in securities markets [J]. Journal of Portfolio Management, 12(4): 43-48.

Schwartz S I, Zorn P M. 1988. A critique of quasi experimental and statistical controils for measuring program effects: Application to urban growth control [J]. Journal of Policy Analysis and Management, 7(3): 491-505.

Schwartz S I, Hansen D E, Zorn P M. 1981. Suburban growth controls and the price of new housing [J]. Journal of Environmental Economics and Management, 8(4): 303-320.

Schwartz S I, Zorn P M, Hansen D E. 1986. Research design issues and pitfalls in growth control studies [J]. Land Economics, 62 (3): 223-233.

Seow O E, Kenneth L, Chee M Y. 2005. Factors influencing auction outcomes: Bidder turnout, auction houses and market conditions [J]. Journal of Real Estate Research, 27(2): 177-192.

Sing T F, Tsai I C, Chen M C. 2006. Price dynamics in public and private housing markets in Singapore [J]. Journal of Housing Economics, 15 (4): 305-320,

Smith B A. 1976. The supply of urban housing [J]. The Quarterly Journal of Economics, 90(3): 389-405.

Son J Y, Kim K H. 1998. Analysis of urban land shortages: The case of Korean cities [J]. Journal of Urban Economics, 43(3): 362-384.

Stiglitz J E. 1990. Symposium on bubbles [J]. Journal of Economic Perspectives, 4(2): 13-18.

Tian L, Ma W J. 2009. Government intervention in city development of China: A tool of land supply [J]. Land use policy, 26: 599-609.

Tirtiroglu D. 1992. Efficiency in housing markets: Spatial and temporal dimensions [J]. Journal of Housing Economics, 2(3): 276-292.

Tse M K S, Pretorius F I H, Chau K W. 2011. Market sentiments, winner's curse and bidding outcome in land auctions [J]. Journal of Real Estate Finance and Economics, 42(3): 247-274.

Tse R Y C, Webb J R. 2004. Hongkong housing and the Asian financial crisis [J]. Journal of Real Estate Literature, 12(1): 21-32.

Tse R Y C. 1998. Housing price, land supply and revenue from land sales

[J]. Urban Studies, 35(8): 1377-1392.

Tse R Y C. 1996. Housing return and the determinants of capitalization rate with reference to Hong Kong [J]. Journal of Property Research, 13(2): 115-129.

Wallace N E. 1988. The market effects of zoning undeveloped land: Dose zoning follow the market? [J]. Journal of Urban Economics, 23: 307-326.

Walsh J P, Henderson G M, Deighton J. 1988. Negotiated belief structures and decision performance: An empirical investigation [J]. Organizational Behavior and Human Decision Processes, 42(2): 194-216.

Walsh J P. 1988. Selectivity and selective perception: An investigation of managers' belief structures and information processing [J]. Academy of Management Journal, 31: 873-896.

Wei L, Chen H, Liu X. 2011. The model of price discovery in fresh agri-product market after natural crisis [J]. Communications in Computer and Information Science, 208: 359-365.

Weick K E. 1979. Cognitive processes in organizations [J]. Research in organizational behavior, 1: 41-74.

Wheaton W C. 1990. Vacancy, search, and price in a housing market matching model [J]. Journal of Political Economy, 98(6): 1270-1292.

White H C. 1970. Matching, vacancies and mobility [J]. Journal of Political Economy, 88(1): 97-105.

White M, Allmendinger P. 2003. Land-use planning and the housing market: A comparative review of the UK and the USA [J]. Urban Studies, 40(5-6): 953-972.

White M J. 1975. The effects of zoning on the size of metropolitan areas [J]. Journal of Urban Economics, 2(4): 276-290.

Winstanley A, Thorns D C, Perkins H C. 2002. Moving house, creating home: Exploring residential mobility [J]. Housing Studies, 17(6): 813-832.

Witte A D. 1975. The determination of interurban residential site price differentials: A derived demand model with empirical testing [J]. Journal of Regional Science Regional Science, 15(3): 351-364.

Wu W, Zhang W. 2009. PLS path model building: A multivariate approach to land price study—a case study in Beijing [J]. Progress in Natural Science, 19(11): 1643-1649.

Wu Z G, Zhou S H, Feng C C. 2007. New land-use development processes associated with the acceleration of urbanization in China-case study of the Pearl River Delta Metropolis [J]. Geo Journal Library. 90, (1): 83-94.

Yavas A, Yildirim Y. 2011. Price discovery in real estate markets: A dynamic analysis [J]. The Journal of Real Estate Finance and Economics, 42(1): 1-29.

Yeh A, Wu F. 1996. The new land development process and urban development in Chinese cities [J]. International Journal of Urban and Regional Research, 20(2): 330-353.

Yiu C Y, Tang B S, Chiang Y H, et al. 2006. Alternative theories of appraisal bias [J]. Journal of Real Estate Literature, 14(3): 321-344.

Yokoi T, Ando A. 2012. One-directional adjacency matrices in spatial autoregressive model: A land price example and Monte Carlo results [J]. Economic Modeling, 29(1): 79-85.

索　引